O que Começa Aqui Transforma o Mundo

Por
Debbie Salter Goodwin

2019-20 MNI
RECURSOS PARA A
EDUCAÇÃO EM MISSÕES

LIVROS

TRACY SAHIB,
SERVO DE CRISTO NA ÍNDIA
Por Olive G. Tracy
Editado por R. Franklin Cook

SHIRO KANO
Fidelidade a Qualquer Preço
Por Alice Spangenberg
Editado por Merritt Nielson

O QUE COMEÇA AQUI
TRANSFORMA O MUNDO
Por Debbie Salter Goodwin

O que Começa Aqui Transforma o Mundo

Por
Debbie Salter Goodwin

MISSÕES NAZARENAS INTERNACIONAIS

Design da capa: Darryl Bennett
Foto da capa: Universidade Nazarena da África (ANU)
Design interior: Darryl Bennett

Dedicação

Este livro é dedicado aos empenhados professores e funcionários da *Africa Nazarene University* [Universidade Nazarena da África], que assumiram o lema transformacional da escola como um chamado pessoal. Vocês são os heróis desta história. E para os estudantes que demonstram a diferença que uma vida transformada por Deus pode fazer, que vocês possam ver o fruto de seu trabalho persistente e sentirem-se realizados, mas nunca satisfeitos. Que todos os que ingressam na *Africa Nazarene University* captem a mesma visão e tornem-se os agentes transformadores de Deus que este mundo desesperadamente necessita.

Índice

Sobre o autora

Debbie Salter Goodwin escreve para a Igreja do Nazareno há mais de quarenta anos. Suas histórias de missionários e leigos internacionais foram publicadas na revista *Holiness Today*. Dois de seus livros sobre educação familiar cristã foram traduzidos em vários idiomas. O seu blog semanal, *Quiet Circle*, compartilha um descanso espiritual para quem necessita de um pasto verdejante. Ela mora no norte de Atlanta, Geórgia, EUA, com o esposo, Mark, que se aposentou após 40 anos de ministério pastoral em quatro igrejas. Juntos, eles continuam encontrando maneiras de serem agentes transformadores onde quer que Deus os conduza.

Agradecimentos

Quando eu me ofereci para fazer parte da equipe de Trabalho & Testemunho de técnicos em informática da Primeira Igreja do Nazareno de Portland, no Oregon, que viajariam para a *Africa Nazarene University* – ANU [Universidade Nazarena da África] com o intuito de instalar câmeras de segurança em outubro de 2017, eu fui como escritora. Eu planejei entrevistar professores, funcionários e alunos, e contar histórias que não foram compartilhadas com a igreja global. Eu me encontrei com Rob North, diretor de avanço universitário, quando ele se apresentou na Primeira Igreja. Ele captou a minha visão e me ajudou a fazer conexões críticas desde o começo. Uma delas foi com Amy Crofford, a quem eu conhecia apenas como uma escritora de livros missionários infantis. Ela foi de um valor inestimável quando me ajudou a marcar entrevistas antes de eu chegar na Universidade. Este livro não poderia ter sido tão completo sem a ajuda dela.

Eu havia me encontrado com a vice-chanceler Leah Marangu quando ela e o esposo estavam na *Olivet Nazarene College* (agora universidade, em Bourbonnais, Illinois, EUA) na mesma época em que eu lecionava ali. Foi um reencontro agradável e uma alegria comemorar o seu legado de 21 anos quando ela se aposentou. Conhecer e entrevistar o novo vice-chanceler, Dr. Bhebhe, foi outro ponto alto. Eu espero ter feito justiça à experiência e paixão que ele traz nessa nova responsabilidade.

Eu sou grata a todos os professores e funcionários que me concederam tempo para entrevistas. Eu aprecio cada aluno que me impressionou pela maneira como eles abraçaram a visão transformacional quando eu nem perguntei sobre isso.

Meus agradecimentos ao vice-chanceler adjunto, Rod Reed, que teve tempo de rever os meus esboços e compartilhar a sua sabedoria e perspectiva de uma maneira muito útil. E a eficaz Carla Frazier, que pegou minha lista de perguntas e localizou cada detalhe ou estatística.Eu trabalharia com você em qualquer projeto!

Eu visitei a ANU como uma espectadora curiosa e não pretendo conhecer a escola tão bem como aqueles que ensinam, estudam ou trabalham lá. Por essa razão, tentei pesquisar, definir, colaborar e questionar tudo o que escrevi. Ainda assim, pode haver algumas discrepâncias. Apenas ouça meu coração. Há uma história de transformação na *Africa Nazarene University*. É uma história que as Missões Nazarenas começaram, e suas orações e contribuições tornaram-na possível. Você precisa ouvir essa história. É por isso que eu a estou compartilhando.

Debbie Goodwin
Roswell, Georgia, 2018

Nota do editor:

Muitos que lerão este livro encontrarão conexões com as histórias apresentadas aqui. A *Africa Nazarene University* é hoje o resultado de muitos investimentos de toda a família nazarena global. Alguns contribuíram com doações para ver a ANU ser construída. Outros fizeram viagens de Trabalho & Testemunho para a ANU e investiram sangue, suor e lágrimas para ver os edifícios que enfeitam o *campus* da ANU levantarem-se na paisagem queniana. Seja qual for a sua parte, a *Africa Nazarene University*, com a sua missão de transformar o mundo, só foi possível devido à fidelidade de muitos que se sacrificaram para ver a ANU chegar à maturidade em prol da África e do mundo para o qual ela envia os seus graduados. As histórias apresentadas neste livro representam alguns que vieram para a ANU com fé e outros que vieram a ter fé através da ANU. Leia com prazer as transformações que Deus realizou.

Capítulo 1
Onde a transformação começa

Kendi Muchungi, turma de 2001, é um vulto colorido enquanto corre de volta ao seu escritório no Departamento de Ciência da Computação da *Africa Nazarene University* no Quênia, onde leciona desde janeiro de 2016. É um dia muito ensolarado. Os alunos procuram a brisa que sopra através da Capela *Helstrom* ou sentam sob as sombras das Bisnagueiras, árvores com flores vermelhas, plantadas para dias como estes.

Por apenas alguns minutos, Kendi senta-se. Ela olha para o diploma pendurado na parede anunciando o seu grau de Ph.D. pela *University of Surrey*, na Inglaterra. Aqueles dias a assombram, mas de um jeito bom. Ela ainda pensa na pesquisa que fez para produzir um protótipo de retina computadorizado como precursor de um implante de retina artificial. Mas sua pesquisa só chegou até ali. Ela considera os cegos e quase cegos, que lutam em um mundo criado com tanta coisa para se ver, e imagina quando ela poderia voltar para a pesquisa que poderia transformar o mundo deles.

Kendi é apenas um exemplo dos sessenta professores em tempo integral, e cerca de cento e vinte professores de meio expediente, que trazem o seu compromisso cristão e curiosidade intelectual misturados a um desejo saudável de usar o que sabem para inspirar os alunos a mudar alguma parte de seu mundo. Não é por acaso que quando muitos deles chegaram como estudantes na ANU, o desejo de retribuir à universidade cresceu tão profundamente que muitos ficaram para ensinar ou trabalhar nela. De fato, cerca de vinte por cento dos professores e funcionários são graduados da ANU.

> **A transformação é o coração e a alma da ANU**

Eles não ficam porque não podem ir a outro lugar. Eles ficam por causa do *ethos* cristão e do ambiente que encontraram que os ajudaram a estabelecer a sua fé e a crescer. Eles veem a transformação diante de seus olhos e querem fazer parte disso.

O que começa aqui transforma o mundo

A transformação é o coração e a alma da ANU. "O que começa aqui transforma o mundo" é o lema que aparece nos seus documentos.

No entanto, o lema tornou-se mais do que isso. Tornou-se a sua missão. E isso não poderia acontecer em um lugar mais improvável. Localizado no meio da grande savana Maasai, o *campus* estabeleceu-se em cento e vinte e quatro acres de extensa pastagem, não exatamente deserto, mas também não é um jardim natural. São vinte e quatro quilômetros de carro ao sul da movimentada capital Nairóbi, onde a maioria dos quatro milhões de pessoas que vivem lá tem menos de 30 anos.[1] A ANU oferece mais do que uma educação em artes liberais para os 3.600 estudantes matriculados; a escola oferece comunidade, um corpo docente investido, e a possibilidade de transformação de vida.

Enquanto a busca intelectual e o desenvolvimento da carreira são importantes, isso não é o que construiu essa escola. Desde a primeira pá de terra, no início dos anos 90, para construir um *campus* para a Igreja do Nazareno no norte da África, a ANU entendeu que a transformação começa no coração. É o seu objetivo fervoroso que todo estudante seja exposto ao Evangelho. O chamado e a comissão de Jesus dá vida e propósito a este lema.

Como eles transformaram um lema em um chamado de vida?

"Muito disso é apenas repetição, repetição, repetição. Mas ajuda quando você acredita nisso ", diz o vice-chanceler adjunto Rod Reed. Ele tem razão. Passe algum tempo no *campus*, leia qualquer de suas publicações e as palavras saltam da página quando você vê os alunos tomando o lema como a sua missão de vida.

Com certeza, o Quênia é um país que poderia usar de transformação. Apenas 9,5% das terras do país são cultiváveis.[2] Aqueles que cultivam plantam lavouras e criam animais para se alimentarem. Reversões climáticas imprevisíveis podem acabar com as oportunidades de alimentação de uma família, deixando-as sem nenhum plano de reserva.

Considere os quarenta grupos étnicos diferentes somente no Quênia. O tribalismo não pode ser ignorado. Ele alimenta a rivalidade política, as disputas de limite de terra e a vingança geracional.

Pode lhe surpreender que 82,5% da população queniana se identifique como cristã com mais protestantes do que católicos. Por causa disso, o Quênia é frequentemente citado como sendo um dos países mais cristãos da África. No entanto, ele também carrega o rótulo duvidoso como sendo um dos países politicamente mais corruptos. A *Transparency International* [Transparência Internacional] é uma organização global que "trabalha com governos, empresas e cidadãos para impedir o abuso de suborno de poder e acordos secretos". Ela classifica a percepção de corrupção do Quênia como 143 de 180 países no Índice de Percepção de Corrupção de 2017.[3]

Talvez um dos fatos mais promissores sobre o Quênia seja a sua alta taxa de alfabetização. Enquanto muitos estudantes africanos se formam em uma universidade sediada no Quênia, eles nem sempre são capazes de utitlizar do seu diploma para trabalhar devido à desconexão entre o seu curso e o mercado de trabalho.[4] Eles podem facilmente tornar-se parte dos cinquenta por cento dos quenianos que vivem abaixo da linha da pobreza, e acabam desempregados nas ruas com um diploma universitário no bolso.

Outra dura realidade neste país em desenvolvimento é a alta taxa de HIV/AIDS entre adultos. Dos seus 51 milhões de habitantes, quase 1,6 milhões de adultos estão afetados.

E o que é verdade no Quênia é reproduzido em outros países de onde os estudantes vêm para a ANU.

Ninguém considera um acidente que a *Africa Nazarene University* tenha sido plantada neste caldeirão de pobreza, recursos subutilizados, alta alfabetização, afinidade cristã e corrupção política. Mas como a transformação poderia se tornar mais do que apenas uma frase de efeito ou uma boa propaganda? Eles tinham que dar pés bem como asas a esta transformação. Eles começaram a procurar formas de o *campus* se tornar um laboratório de transformação, um lugar onde os alunos pudessem participar de atividades que levassem à transformação do coração bem como da cabeça.

Quando você ouve falar sobre a tecnologia, grupos de reflexão, as competições nacionais e internacionais a que os estudantes estão expostos neste país em desenvolvimento, não é difícil vê-los como Davis enfrentando os Golias de seus países de origem. Quando você percebe quantos estudantes encontram a sua âncora em Cristo durante a Semana de Santidade, ou se conectam ao coração de Cristo e às necessidades das pessoas durante a Semana de Impacto, você começa a perceber o quão seriamente eles levam essa missão de transformação. Os estudantes não estão apenas tentando se formar com um diploma para ganhar dinheiro; eles realmente acreditam que podem mudar alguma parte do seu mundo.

Eles podem? Eles podem não conseguir alterar as estatísticas que continuam a puxar os seus países ou continente para baixo, mas podem transformar lugares. Eles estão se tornando catalisadores transformacionais para pessoas. Eles estão fazendo a diferença e essa diferença mudará o mundo de alguém.

A ANU foca em transformação de três maneiras. Eles incentivam todos os alunos a:

- Abraçar o poder transformador da salvação através de Jesus e da capacitação do Espírito Santo.
- Desenvolver um caráter de integridade piedosa, competência em habilidades, e viver esse caráter em comunidade com aqueles que o compartilham e necessitam.
- Internalizar a transformação como uma missão de vida para "Ser a mudança que você quer ver!" Para alguém ou algum grupo.

Dando um passeio por qualquer uma das ruas ou caminhos no campus, você provavelmente verá uma das torres cobertas de pôsteres com o lema. Entrando em um dos cinquenta edifícios você o encontrará nas paredes. Ao participar do culto de capela você ouvirá pelo menos uma vez, se não várias vezes. Ao conversar com os alunos sobre o que eles querem fazer depois da formatura eles repetem esse mesmo objetivo. A declaração está em todo lugar. O que começa aqui transforma o mundo. E quando você ouve, não sai forçado ou artificial. Vindo de administradores, professores, funcionários ou estudantes, eles querem mesmo dizer isso.

"Quando você tem uma chave, você tem um meio para entrar", disse a capelã Cindy North enquanto pregava durante uma capela. Ela estava falando mais do que apenas sobre chaves para portas trancadas de aceitação cultural ou realização política. Ela queria que eles soubessem que a primeira porta aberta é através de Jesus. Quando Mary (Miss ANU, 2017-18) diz com determinação em cada palavra: "Eu fui destinada para servir a Deus", isso faz com que você considere a profundidade do seu próprio compromisso.

What begins here, transforms the world!

Como você cultiva esse clima transformacional? Como você transmite mais do que um lema? Como você faz os alunos se formarem com uma mentalidade de "retribuição"? Como alguém pode enfrentar as adversidades que o Quênia e muitos outros países cheios de desafios enfrentam e ter esperanças?

É quase um paradoxo que no meio de um país desafiado em todos os sentidos, a ANU se ergue como um oásis de esperança. Mas essa esperança não existe apenas lá, essa esperança voa a grande altura.

Então, como tudo começou? Que visão tornou possível pegar um lema simples e torná-lo uma missão? Para essa história, voltaremos o relógio e entraremos na terra antes que houvesse uma planta ou uma sala de aula.

Capítulo 2
Do lamaçal para uma missão

Estando no meio do campo aberto, onde o *Rift Valley* corre de norte a sul no Quênia, com seus penhascos íngremes e onde flui o rio *Athi*. Você veria como esta terra se parecia antes da Igreja do Nazareno plantar uma universidade lá. Você veria zebras a caminho do rio na base de penhascos rochosos onde os macacos vivem e brincam. Você observaria as chuvas de março a maio, lavando qualquer coisa que pudesse tentar se firmar e crescer. No verão, quando o sol em chamas desidrata qualquer coisa não adaptada à vida no deserto, você se pergunta o que sobreviveria.

Nessa terra vazia, os líderes da Igreja do Nazareno, missionários e quenianos, imaginavam como poderiam transformar a terra, construir um *campus*, desenvolver um currículo de estudo e abrir suas portas para qualquer pessoa que quisesse uma chance de se tornar um agente de transformação. Quando o Quênia aprovou a Lei da Universidade de 1985, dando permissão para estabelecer universidades privadas, a liderança nazarena sabia que eles tinham o seu alvo para um centro educacional da Igreja do Nazareno no norte da África. A Assembleia Geral Nazarena de 1993 aprovou por unanimidade a implantação da nova escola, e o governo queniano concedeu o mesmo. Nomeada *Africa Nazarene University* a fim de satisfazer as necessidades continentais fora de alcance do Quênia, a ANU tornou-se a primeira universidade privada não conectada a uma universidade existente a receber essa credencial do Quênia, e a primeira universidade de artes liberais da Igreja do Nazareno fora da América do Norte. A Dra. Martha John tornou-se a primeira vice-chanceler e abriu a escola para 62 estudantes de onze países em 1994. Dois anos depois, a professora[5] Leah Marangu foi instalada como vice-chanceler para iniciar os seus 21 anos de legado, crescimento, inovação e muitos feitos históricos para a Igreja do Nazareno, assim como para o Quênia.

Hoje, você pode dirigir até a ANU, de Nairóbi, em uma estrada esburacada, às vezes invadida por gado, com barracas de negócios construídas de forma rústica, que vendem de tudo, de serviços de barbeiro a *fast food*. No entanto, assim que você passa pelo portão escrito *Africa Nazarene University*, o cenário muda. Edifícios de blocos de cimento pintados com seus telhados cor de tijolo de três ou quatro andares com escritórios e salas de aula. A grama verde é um tapete de contraste para os edifícios. Caminhos de pedra levam os alunos, professores e funcionários a passar por rosas e outras plantas e arbustos floridos. É um jardim tão inesperado neste lugar não desenvolvido que você não pode deixar de recuar e se perguntar … como surgiu esse oásis?

Para contar parte da história, você precisa saber como a professora Leah Marangu, uma mulher queniana, rompeu barreiras e abriu as portas para mulheres e outras pessoas quando ela começou a fazer a diferença na terra em que nasceu. Seu objetivo era paz em um ambiente de conflito. Seu sonho era beleza em uma terra desolada. Sua missão foi a transformação pelo projeto de Deus e liderança.

Para começar essa jornada, a professora Marangu e seu esposo, John, queriam buscar uma educação que os ajudariam a contribuir e melhorar o aprendizado no Quênia. Eles decidiram pegar a família e os pertences e buscaram educação nos Estados Unidos em 1960, estabelecendo-se na comunidade da *Olivet Nazarene College*. Leah queria seguir a enfermagem como uma maneira de fazer a diferença em seu país. Como a *Olivet* não tinha um programa de enfermagem na época, ela se candidatou em uma escola católica nas proximidades. No entanto, eles negaram o seu pedido. A escola era governada por diferentes percepções sobre as mulheres naquela época e não acreditava que Leah teria os anos para investir no seu diploma por causa de suas responsabilidades como esposa e mãe. Em vez disso, Leah se juntou a seu marido na *Olivet* e matriculou-se em economia doméstica para que pudesse levar de volta ao país informações que transformariam vidas com saúde e nutrição preventivas.

Depois que ambos se formaram na *Olivet* com diplomas de bacharel, eles fizeram mestrado na *Northern Illinois University* e Ph.D. na *Iowa State University*. Então, eles retornaram para a *Olivet*, onde John ensinou biologia e Leah ensinou no distrito escolar local.

Os seus anos na *Olivet* ensinaram-lhe mais do que nutrição. Ela viu o avanço educacional de múltiplas camadas de uma faculdade de artes liberais. Ela reconheceu como a *Olivet* ensinava os pastores tão fervorosamente quanto ensinava outras disciplinas. O modelo inspirou-a de maneira que mudaria a trajetória de sua vida e a vida de educação nazarena no Quênia. De fato, nos primórdios da universidade, a liderança queria limitar o número de matrículas para 200, por medo de crescer além de sua capacidade de gerenciamento eficaz. Mas a professora Marangu sabia que Deus havia lhe dito: "Você não voltou da América para servir apenas 200 alunos". Deus tinha maiores planos.

Professora Marangu presidindo em sua última formatura.

Quando a professora Marangu entrou em seu escritório nas últimas semanas de seus vinte e um anos na ANU, ela não pode deixar de caminhar até a janela com vista para o *campus*. Ela sempre adorava ver estudantes correndo para as aulas, alguns em conversas casuais, outros em grupos de estudo. A visão que sempre lhe tirava o fôlego era a beleza dos caminhos de pedra ocupados pelos alunos que saíam da torre do relógio. Ela observou esses caminhos e lembrou-se de quantos estudantes universitários nos anos 90 se revoltaram e atiraram pedras para protestar contra tudo, desde interferência acadêmica até questões politicamente carregadas. Ela sempre disse aos estudantes da ANU que

Pedras não são para jogar nas pessoas. Pedras são recursos de Deus. Usamos os recursos de Deus para beleza e funcionalidade. Os estudantes da ANU têm uma missão e essa missão é servir a Deus e servir a humanidade. Então, nós esmagamos pedras e criamos beleza.

E eles fizeram. Eles esculpiram e esmagaram as pedras removidas da terra durante a escavação para a construção. Eles criaram um labirinto que ainda direciona os pés para salas de aprendizado e altares de oração.

A professora Marangu sorria ao ver os arbustos floridos e plantas que ladeavam os caminhos, um verdadeiro jardim no meio do deserto. Quantos deles ela colocou no próprio carro e trouxe até ali para que fosse plantado? Quase todos eles, ela lembrou. Cada arbusto e planta era como um de seus filhos, algo para nutrir e ajudar a crescer.

Quando ela começou como vice-chanceler em 1996, havia quase cem estudantes e apenas três programas de estudo. Hoje, há cerca de 3.600 estudantes registrados em dois *campus*, estudando em 40 programas com várias disciplinas. Isso é muito crescimento em vinte e um anos!

Não só esta mulher queniana quebrou recordes no *campus*, mas a professora Leah Marangu também quebrou recordes no Quênia. Ela foi a primeira mulher queniana a chegar a cadeira de professor catedrático de uma universidade no Quênia. Ela foi a primeira mulher a ser nomeada vice-chanceler de uma instituição de ensino superior e primeira mulher queniana a receber um Ph.D. Ela recebeu vinte prêmios nacionais e internacionais. Cada um dos três presidentes quenianos no cargo durante a chancelaria da professora Marangu concedeu-lhe as medalhas mais altas do país: a Estrela de Prata do Quênia, a Ordem da Lança Ardente de Moran e a Ordem da Lança

Ardente. De acordo com o *National Honors Act*, esses prêmios vão para pessoas que exibem "qualidades exemplares, ou conquistas de heroísmo, patriotismo ou liderança, que deram uma contribuição exemplar ao país".[6] No entanto, a professora Marangu nunca tentou ganhar prêmios; ela estava simplesmente tentando transformar o seu mundo.

Há uma pintura original de um leão e seus filhotes que tem estado pendurada na sala da diretoria durante os seus anos de liderança. Olive Mugenda, vice-chanceler da *Kenyatta University*, a terceira maior universidade do Quênia, presenteou esta pintura a sua mentora, a professora Marangu. A pintura foi uma metáfora da mentoria que a jovem educadora recebeu da professora Marangu. Além da vice-chanceler Mugenda, há também a professora Kobia, ex-aluna da professora Marangu. Margaret Kobia serviu como presidente da Comissão de Serviço Público até ser nomeada para servir no gabinete do presidente em janeiro de 2018. Essas são apenas duas das mulheres que vieram após a professora Marangu para chefiar universidades e comissões governamentais, algo que não era possível até que Marangu abriu as portas que estavam fechadas para mulheres.

A vice-chanceler Marangu tornou-se mais do que uma administradora institucional que mantem o seu polegar acadêmico nas costas de todos. Os alunos carinhosamente a chamavam de mãe da ANU. Muitos experimentaram o seu incentivo e mentoriamento.

As paredes do seu escritório tornaram-se um álbum de recortes dos anos. Há fotos do lamaçal que se tornou uma estrada que leva ao *campus*. Há fotos das reuniões de formatura na torre do relógio antes de haver grama. Há a foto do esposo dela com a bengala que ele usou para afastar as cobras atrás do canteiro de obras do *Helstrom Student Center* [Centro Estudantil Helstrom]. Talvez as fotos de zebras e girafas vagando livremente pela paisagem atrás da universidade contenham a maior história de transformação. "Sim, é uma história maravilhosa de transformação", a professora Marangu ecoa ao retornar à sua mesa para começar a assinar todos os 1.072 certificados de graduação empilhados em sua mesa. Eles serão os seus últimos.

"Meu estilo de liderança é focalizado em pessoas", explica ela. Alunos, professores e funcionários concordariam. Sua porta estava sempre aberta como o seu coração. Ela distribuiu sabedoria, coragem e oração tão frequentemente quanto assinava o seu nome em documentos e decisões oficiais. "Eu queria ter um ensino que se importasse com as pessoas. Tinha em meu coração o desenvolvimento de uma safra de líderes que não seriam egoístas".

> Eu queria ter um ensino que se importasse com as pessoas.

No dia 31 de outubro de 2017, a professora Marangu se aposentou para entrar em uma nova temporada de vida. Ela embalou fotos e lembranças que trouxeram de volta cenas que ela sempre lembraria. Em homenagem ao seu extraordinário serviço à missão da ANU, o Conselho de Administração nomeou o *campus* residencial em sua homenagem. É apenas uma outra maneira pela qual Leah T. Marangu sempre será parte da terra e das pessoas que trabalham e aprendem ali.

No entanto, a vida e o impacto da *Africa Nazarene University* não estão envoltos em apenas uma pessoa, mas em todos. A administração, o corpo docente e os funcionários competentes fazem da ANU um lugar de destaque no ensino superior no Quênia, mas o que acontece na ANU vai além da competência. Sua missão de transformação influencia a maneira como o corpo docente ensina e como os alunos aprendem. A solução de problemas se torna uma prioridade. Quando professores e alunos captam essa visão e a aplicam a problemas da vida real, suas histórias inspiram e convencem. A Semana de Impacto é um bom lugar para começar.

Capítulo 3
Onde a solução
de problemas impacta

Há um novo interesse encorajador entre os estudantes de faculdades e universitários em abordar questões que desafiam a vida neste planeta. Organizações internacionais tomaram nota e criaram oportunidades para competição e engajamento. Eles procuram ajudar os alunos a combinar as suas habilidades com técnicas de solução de problemas e aplicá-las a questões globais.

Semana de impacto

Semana de Impacto é o nome da organização com a qual a ANU tem participado desde 2015. Começou na Alemanha com alguns empreendedores inovadores e consultores de inovação e cresceu com um extenso alcance global. A organização une pessoas de diferentes países para "promover a inovação, empreendedorismo e intercâmbio intercultural através do *Design Thinking*".[7] Líderes treinados identificam um país de destino, aceitam aplicações e treinam equipes no processo do *Design Thinking* para descobrir novas soluções. O Sr. James Obuhuma, palestrante de TI, e a Dra. Kendi Muchungi (ver Capítulo 1), ambos do Departamento de Informática e Tecnologia da Informação, atuaram como treinadores do *Design Thinking*.

Design Thinking é uma filosofia específica de resolução de problemas que surgiu na década de 1950. É preciso uma equipe de solução de problemas por meio de um processo definido para encontrar uma solução inovadora que se ajuste ao contexto e seja potencialmente sustentável. A Semana de Impacto ensina o programa do *Design Thinking* e, em seguida, orienta as sessões de solução de problemas usando essa abordagem formulada. Um fator que faz com que seja uma combinação perfeita para a solução de problemas sociais é sua ênfase na empatia com as pessoas que lutam ou são vitimadas pelo problema. Isso protege os solucionadores de problemas de uma solução clínica ou genérica. Tem que se encaixar pessoas reais em contextos reais.

Depois que a equipe da ANU participou do treinamento de uma Semana de Impacto baseada no Quênia, eles trouxeram a Semana de Impacto para seu próprio *campus* em 2016. Cento e vinte pessoas desenvolveram dezessete modelos de negócios e os apresentaram aos juízes. Cinco equipes ganharam dinheiro que lhes daria a chance de experimentar a ideia. Uma equipe vencedora denominou-se *Team Happy Farm* [Equipe Fazenda Feliz] e apresentou uma ideia para uma "fazenda em uma caixa" onde um receptor poderia usar essa iniciativa para pegar um pequeno pedaço de terra não utilizada e cultivar produtos suficientes para ajudar a alimentar pessoas que não têm o suficiente para existir.

Em novembro de 2017, a ANU realizou a Semana de Impacto usando os treinadores da organização enquanto orientava os seus próprios. Cinquenta e seis alunos participaram com oito treinadores e apresentaram oito novas ideias. Em 2018, a ANU lançou a sua Semana de Impacto independente e espera torná-la um evento anual.

A boa notícia é que a Semana de Impacto tem um impacto que dura mais de uma semana. Os alunos pegam o que aprendem e investem em sua comunidade. Por exemplo, um grupo denominado *Squadron One* [Esquadrão Um] levou o *Design Thinking* para as escolas de ensino médio da região. Eles adaptaram o treinamento da Semana de Impacto para se adaptar aos alunos do ensino médio de maneira fácil e divertida.

Mas a Semana de Impacto é apenas uma ferramenta de transformação.

A história de John Ngila

Quando John Ngila visitou o *campus* da ANU pela primeira vez em 2011, ele sabia que não precisava visitar outro *campus*. Ele estava procurando o ambiente educacional cristão certo para concluir a sua graduação em negócios internacionais. Ele sabia que havia encontrado o que procurava enquanto percorria os caminhos raiados do *campus*. "Se a ANU pode fazer um oásis no deserto", ele pensou, "eles poderiam trazer o melhor de mim também". Ele nunca questionou a sua decisão de ficar.

> Se a ANU pode fazer um oásis no deserto, eles poderiam trazer o melhor de mim também.

Depois de terminar o seu curso em 2014, ele permaneceu na ANU como assistente administrativo no Departamento de Negócios. Era a chance de John Ngila retribuir de uma forma que motivasse os alunos a ir além, como a ANU o motivou.

John lembrou como as suas aulas enfatizavam "metas de desenvolvimento sustentável" nos negócios. John prefere o termo "empreendedorismo social". Ele explica que "a diferença entre empreendedorismo e empreendedorismo social é a de que os empreendedores não se preocupam apenas com os lucros. Empreendedores sociais cuidam do planeta e do povo antes dos lucros". Foi outra maneira de fazer com que a ANU fosse um solo fértil para a diferença da qual ele queria fazer parte.

Competição do Prêmio Hult

A competição do Prêmio Hult foi uma combinação perfeita para a paixão empreendedora social de John. Foi criada em 2010 pelo sueco Bertil Hult para oferecer aos estudantes uma chance de resolver problemas do mundo usando um modelo de negócio sustentável. Ele se transformou em uma cooperativa entre a *Hult International Business School*, a *United Nations Foundation* e a *Clinton Global Initiative*. A família Hult doa 1 milhão de dólares por ano para fornecer dinheiro para as equipes vencedoras lançarem as suas ideias de negócios. Que melhor maneira de dar aos alunos a chance de transformar o seu mundo? John tornou-se diretor do *campus* e principal treinador da competição.

O concurso Hult tem sido chamado de o "Prêmio Nobel para Estudantes" e foi apresentado em uma matéria na revista *Time*, destacando as "5 Maiores Ideias que estão Mudando o Mundo".[8] A competição envolve os melhores e mais brilhantes alunos de escolas internacionais. A Fundação seleciona um problema mundial para as equipes estudarem e desenvolverem uma ideia de negócio sustentável que ajudará a resolver o problema. A ANU teria uma grande curva de aprendizado.

Durante os quatro anos em que a ANU esteve envolvida nesta competição, 190 equipes de quatro membros cada, competiram no nível do *campus* para envolver 760 alunos nesta competição em algum nível. Quatro equipes vencedoras foram para as competições regionais em Dubai e Nairóbi. Aqueles que chegaram até as competições regionais ganharam admissão a um intensivo de oito semanas de negócios, onde as equipes receberam treinamento intenso para refinar suas ideias e modelos de negócios antes de apresentá-las nas finais regionais.

Equipe *Taka Smart*

Clement foi o líder da equipe *Taka Smart* da ANU. *Taka* significa desperdício em suaíli. A equipe de quatro membros de Clement venceu a competição na universidade com um plano para tratar da gestão de resíduos no Quênia. Clement estava revendo as suas anotações e tentando acalmar os seus nervos. Sua equipe seria a última das 57 equipes a se apresentar na competição regional de 2015 em Dubai, concorrendo a uma parte do cobiçado dinheiro do Prêmio Hult para ajudar a lançar a sua ideia de negócio. Clemente esticou o seu corpo inquieto o máximo que pôde em uma posição sentada. Ele pensou nas grandes apresentações que ouvira. A equipe dele teria alguma chance?

Todos vencedores

A equipe *Taka Smart* não ganhou nas competições regionais, mas não podemos dizer que eles perderam. Eles voltaram ao *campus* e decidiram lançar a sua ideia de qualquer maneira. Eles até conseguiram apoio do condado para isso. O seu projeto tinha criado uma maneira de coletar plásticos atribuindo pontos de *Taka*. As pessoas poderiam

Equipe Taka Smart

coletar pontos de *Taka* e usar os pontos para ganhar minutos para chamadas de celular.

O seu projeto não mudou o problema de lixo do mundo, mas fez a diferença. "A *Taka Smart* está prosperando", relata John Ngila hoje. "Eles coletaram mais de 10.000 toneladas de plásticos". A equipe agora se voltou para reciclagem e espera comprar uma máquina de reciclagem em um futuro próximo.

Talvez a mudança mais importante tenha sido nos participantes da equipe. Leia as reações deles com suas próprias palavras:[9]

- "As competições regionais do Prêmio Hult nos deram... uma rara oportunidade de sermos considerados entre os que mudam o mundo". - Jessica, Bacharel em Tecnologia da Informação Empresarial

- "Eu não acho que o Prêmio Hult seja apenas uma competição, mas um direcionador eficaz para fazer os jovens pensarem sobre os problemas mundiais". Clemente, Bacharel em Ciência da Computação

- "Podemos não ter ganhado as competições regionais do Prêmio Hult, mas deixamos... uma marca africana no coração de todos que estavam presentes". Saruni, Bacharel em Tecnologia da Informação Empresarial.

- Em 2018, outra equipe, a KooKibanda[10] representou a ANU em Dubai com a ideia de fornecer armazenamento refrigerado para frutas e legumes, a fim de aumentar o prazo de validade e reduzir o desperdício de alimentos. A apresentação deles garantiu a eles um lugar no treinamento de aceleração de seis semanas no Ashridge Castle, em Londres, em setembro do mesmo ano. Este é o maior acelerador de negócios do mundo. Durante esse período, os empreendedores recebem treinamento para ajustarem o seu modelo de negócios, além de obterem acesso a "capital, mentoriamento, marketing, desenvolvimento de negócios, aquisição de clientes e recrutamento de talentos".[11]

Os benefícios para o futuro dos estudantes que competem são enormes. O concurso Hult capacita os alunos a pensarem sobre o empreendedorismo social, dá-lhes apoio técnico em seus projetos e incentiva a criação de uma rede de contatos com empresas que poderiam ajudá-los no futuro. Muitos participantes começaram os seus próprios negócios para abordar uma das muitas questões sociais no Quênia. Você pode ter certeza de que a ANU planeja continuar a sua participação anual.

Prêmio ao diretor do *Campus*

O treinamento de equipes também impactou John Ngila. Ele foi nomeado um dos dez melhores diretores de *campus* em 2016 durante a Competição Regional do Prêmio Hult em Dubai. A honra veio com a entrada em uma final regional de sua escolha, bem como a admissão em uma série de conferências de prestígio.

Para John Ngila, a competição da Hult foi apenas o começo. Ele espera começar o que inicialmente chama de Centro de Empreendedorismo Social e Liderança. Ele está preocupado com o fato de que tanto esforço entra na competição por equipes e tantas ideias tomam forma, enquanto apenas algumas se tornam lançamentos viáveis. Ele quer um repositório online "onde todas essas empresas possam ser ancoradas, e podemos encontrar uma maneira de apoiar essas ideias para se tornarem realidade". Ele recebeu apoio da *Microsoft*, *Dell* e de algumas outras empresas que concordaram em fornecer suporte de TI para o centro. É apenas outra maneira de participar da transformação.

Simples ferramentas

A Semana de Impacto e o Prêmio Hult são simplesmente ferramentas. Por si só, eles não vão transformar pessoas ou resolver problemas. No entanto, quando os alunos entendem que a transformação é a missão de Deus para o mundo, eles se tornam ferramentas de Deus em uma missão ainda maior. Eles estão aparando os seus estilingues para usá-los contra os seus gigantes.

Em nenhum lugar a mudança é mais evidente do que no campo da tecnologia. Sua paisagem de mudanças rápidas pode ser um desafio para muitos, mas é outra ferramenta transformadora na ANU e outra história que merece ser lida.

Capítulo 4
Onde a tecnologia transforma

A tecnologia é um sol nascente no Quênia. De fato, o Quênia tornou-se um dos principais países africanos usando e inovando com a tecnologia. Isso é verdade apesar do desemprego, da pobreza e até mesmo da infraestrutura inadequada para a tecnologia.[12] Os africanos começaram a chamar o Quênia de *Savannah do Silício* em 2007,[13] o que gerou interesses empresariais que não mostram sinais de desaceleração. A ANU esteve envolvida neste movimento, especialmente porque a escola está localizada perto de Nairóbi, considerada o centro desta expansão tecnológica.

A história de Amos Gichamba

O Dr. Gichamba não estava pensando em tecnologia enquanto ele crescia em uma fazenda de gado leiteiro no planalto central do Quênia. Ele estava pensando mais sobre a subsistência enquanto ajudava a sua família a ordenhar as vacas e entregar o leite no ponto de coleta às 4h da manhã a caminho da escola. Foi ainda mais difícil porque o seu pai trabalhava na ANU durante a semana e só voltava para casa nos finais de semana.

No entanto, esta conexão com a ANU serviria bem a Amos. Quando Amos estava pronto para pensar em ir para a universidade, o programa de bolsas da ANU para filhos de funcionários fez da *Africa Nazarene University* a sua escolha lógica. Amos se matriculou como estudante em 2004. Ele escolheu ciência da computação porque achava que isso lhe oferecia a melhor chance de emprego.

Algo transformacional aconteceu com Amos enquanto estava na ANU, o que provavelmente não teria acontecido em nenhum outro lugar. Mesmo tendo sido criado em sua família como católico com uma crença em Deus, isso não se traduziu em um relacionamento pessoal com Deus. "A ANU forneceu uma plataforma onde eu pude refletir profundamente sobre minha fé", lembra ele. Ele se juntou ao *Christian Union Club*, um clube liderado por estudantes que patrocinou viagens missionárias, equipes de adoração, estudos bíblicos e outras atividades para influenciar o crescimento espiritual. Lá ele encontrou pessoas que expressaram a sua fé com fervor e agiram de acordo com as suas crenças. Isso fez com que Amos examinasse as suas próprias crenças com mais cuidado. Eventualmente, Amos fez uma profissão de fé pessoal em Jesus e começou uma nova vida como um cristão nascido de novo. "Eu aprendi a construir minha carreira mais como um servo e não perseguir os meus próprios interesses, mas, na verdade, retribuir... Eu consulto a Deus em tudo que faço e quero estar onde Ele quer que eu esteja", testemunha Amos.

Especialmente com essa nova mudança de vida, Amos queria retribuir à universidade. É um tema que percorre os graduados que encontram mais do que a educação na ANU. "Eu decidi dar três anos da minha vida para a universidade", Amos explicou, "… mas depois que voltei, eu percebi que aqui era onde eu queria ficar".

Dr. Amos Gichamba

Em 2007, quando o departamento pediu que ele se juntasse a eles como assistente administrativo até completar o mestrado, Amos aceitou entusiasticamente. Amos iniciou o seu programa de mestrado na *Strathmore University*, em Nairóbi, porque a ANU não oferecia um mestrado em administração na época. Ele completou o seu Ph.D. ali também. Ele aceitou de bom grado uma posição de professor em sua *alma mater* porque queria deixar muito claro "que, como um graduado da ANU, eu queria voltar". Quando o presidente do departamento, Dr. Ngari, partiu para a África do Sul para um pós-doutorado, o Dr. Gichamba foi nomeado presidente do Departamento de Computação e Tecnologia da Informação.

Embora o Dr. Gichamba não viva mais na fazenda de gado leiteiro de seu pai, ele não esqueceu as suas raízes rurais. Ele criou um aplicativo de celular chamado *M-Kulima* para agricultores rurais. Amos lembrou como o seu pai foi prejudicado, porque ele não tinha acesso à taxa de vendas de produtos lácteos. O aplicativo *M-Kulima* permite que um agricultor envie uma mensagem a um banco de dados respeitável para receber informações mais recentes sobre preços. A Autoridade de Tecnologia da Informação e Comunicação do Quênia reconheceu o seu trabalho com um prêmio. A *CNN Technology News* também publicou essa história.[14]

Hoje, o aplicativo *M-Kulima* não está mais em uso, mas Amos desenvolveu outra plataforma enquanto completava o seu Ph.D. na *Nairobi University*. Esse aplicativo permite que agentes de extensão agrícola, agrônomos e agências de desenvolvimento ajudem os agricultores fornecendo serviços de consultoria por meio de mensagens de texto, um website e um sistema de resposta de voz interativa multilíngue para que o usuário possa acessar informações agrícolas em suaíli e inglês.

Entender como a tecnologia pode oferecer soluções para problemas em seu país é a fonte da paixão no ensino do Dr. Gichamba. Uma das novas iniciativas que ele e seu departamento estão trabalhando é um Centro de Inovação. Será um ambiente na web para o armazenamento de ideias por meio de mentoriamento e colaboração. O departamento incentiva os alunos a usar o seu treinamento em classes e pesquisas para resolver problemas da vida real com a tecnologia. Será um centro aberto, onde os estudantes de outras universidades podem oferecer perspectivas e melhorias também. O Dr. Gichamba valoriza parcerias inter-educacionais com ex-alunos, organizações de pesquisa e empresas de TI, tanto local quanto internacionalmente.

Campos de Treinamento

Os Campos de Treinamento oferecem uma maneira atraente para o departamento manter o currículo atualizado. "O currículo pode ser rígido, porque é construído sobre políticas e procedimentos ... então, apoiamos o currículo com outras atividades", explica o Dr. Gichamba. O Campo de Treinamento é uma ideia que ele experimentou quando trabalhava em seu mestrado na *Strathmore University*, em Nairóbi. Os Campos de Treinamentos são intensas oportunidades baseadas em *workshops* para aprender novas tecnologias ou introduzir tendências na computação. Dá ao departamento a chance de estar na vanguarda. Se a *Apple* ou o *Google* lançarem uma nova plataforma móvel, por exemplo, eles não precisam esperar para revisar o currículo; eles simplesmente oferecem um *workshop* de três semanas e ensinam dessa maneira. "No final do dia, estamos construindo uma economia de conhecimento; estamos construindo uma economia inovadora", diz o Dr. Gichamba.

Participação de ex-alunos na transformação

O verdadeiro alcance da *Africa Nazarene University* está nos ex-alunos. À medida que os alunos formam-se e conectam suas habilidades às suas comunidades, eles tornam-se representantes transformacionais da ANU. O Dr. Gichamba acompanha onde os seus alunos encontram emprego. Ele tem o orgulho de informar que você pode encontrar graduados de TI da ANU em cargos de alta segurança no Banco Central do Quênia, bem como no Banco Mundial em Washington, DC. Muitos ex-alunos são empreendedores.

Um exemplo é Francis Kilemi, da turma de 2014. Ele nem sequer havia se formado quando o ataque terrorista no *Westgate Shopping Mall* em Nairóbi aconteceu. Reivindicando 69 vidas e ferindo mais de 170 pessoas.[15] Francis foi para a mídia social e fez um apelo por doações de sangue antes de ficar em uma longa fila de voluntários que desejavam doar sangue. Nada sobre o processo de doação de sangue parecia tão eficiente quanto poderia ter sido, então Francis começou a trabalhar para desenvolver uma melhor parceria baseada em dados entre hospitais e doadores, usando a tecnologia que ele havia aprendido. "Vemos isso como um problema que pode ser resolvido facilmente se todos os hospitais, o governo e até mesmo o público puderem se reunir para compartilhar informações", relatou Francis. O resultado foi *Damu-Sasa*[16]. Traduzido do suaíli, significa *Sangue-Agora*. Em outubro de 2018, uma agência não governamental, a *Amref Health Africa*, e uma empresa de soluções tecnológicas, *Advanced IT Solutions*, assinaram um acordo para usar o sistema de banco de dados de gerenciamento de sangue *Damu-Sasa* para rastrear a disponibilidade e localização de sangue a fim de melhorar o acesso do paciente. Este acordo seguiu um programa piloto bem sucedido com o Hospital Nacional Kenyatta, o maior hospital de referência na África Oriental.[17]

Francis foi escolhido para fazer parte do primeiro Programa Presidencial de Talentos Digitais (PDTP) como estagiário. Ele era um dos 1.800 candidatos de universidades de todo o país. O PDTP é a tentativa do governo queniano de aproveitar o poder do cérebro de jovens estudantes de TI que podem ajudar agências governamentais a resolver um conglomerado de sistemas públicos de distribuição.[18] Francis entrou na competição porque "A *Africa Nazarene University* me deu a chance de participar de eventos de *workshop*, programas informativos em organizações… e eu senti que estava realmente bem equipado para ser um dos candidatos".[19]

Dra. Kendi Muchungi

Você se lembra da Dra. Muchungi e sua pesquisa para desenvolver um protótipo para um implante de retina? Ela é outra graduada da ANU usando tecnologia para transformar. Com o desenvolvimento da impressão 3D, a ciência da computação se une a várias disciplinas em pesquisa médica. Para entender a pesquisa inovadora em que ela esteve envolvida, você precisa entender como a luz deve ser convertida em um sinal elétrico para a percepção visual ocorrer e para

Dr. Kendi Muchungi

o cérebro interpretá-la. A retina é uma parte importante desse processo. É a camada sensível à luz do olho que faz essa transferência de sinal de luz para o cérebro. Quando uma doença ou ferimento interrompe este elo da retina, a visão fica impossível. Dra. Muchungi usa a neurociência para validar modelos para fazer uma reconexão. É uma pesquisa que abre a porta para criar um implante de retina artificial um dia.

Transformação tecnológica

A tecnologia por si só não transforma. No entanto, quando os estudantes abraçam a visão de que "o que começa aqui transforma o mundo", eles começam a ver o poder transformacional que repousa no conhecimento usado de maneira correta. O estudante de TI, Ebuka, da Nigéria, acredita que o ambiente da ANU, assim como o corpo docente e a equipe, o capacitaram exatamente desta maneira. "Eu fui capaz de crescer espiritualmente, fisicamente e em termos de carreira na ANU a alturas inexplicáveis... a ANU é o melhor lugar para abrir as suas asas e aprender a voar com o apoio dos professores e dos funcionários."[20]

O Dr. Gichambo e sua equipe competente fazem da transformação o propósito da tecnologia. "Minha visão é trabalhar junto com meus colegas para construir um departamento voltado para pesquisa e inovação", Dr. Gichambo sonha. Da computação móvel à neurociência computacional, os campos tecnológicos são infinitos. Assim é a transformação que eles podem realizar. Mas vai ser preciso mais do que as teclas digitadas; será preciso pessoas que façam da transformação a sua paixão. É o hino que a ANU continua vocalizando e os alunos estão aprendendo bem.

Mas a ANU concentra-se apenas na transformação nas áreas de inovação e solução de problemas para melhorar a qualidade de vida na África? Certamente não. Seu chamado para a missão está enraizado na Grande Comissão. Eles estão ainda mais interessados em compartilhar o trabalho transformador de Deus no coração. No entanto, com dois campus, estudantes de vinte e seis países, influências tribais e raízes do Espiritismo, a missão não é fácil. Uma vez que o culto de capela reúne todo o campus para esse propósito, a capela oferece a melhor visão geral da oportunidade de transformação.

Capítulo 5

Um caldeirão cultural para a missão

Os alunos vagam pelo Centro de Estudantes Helstrom, onde o culto de capela começará em breve. A capela transforma-se em um caldeirão de diferentes culturas e tradições. É onde os estudantes ouvirão uma articulação cuidadosa sobre a transformação espiritual através de Jesus, enquanto a capelã Cindy North entrega a mensagem da manhã. A oração é que haja uma abertura para que a verdade de Deus encontre o seu caminho nos corações que talvez nunca tenham ouvido o evangelho articulado de maneira pessoal, apaixonada e transformadora.

Cindy North tem servido a ANU como diretora de Desenvolvimento Espiritual desde 2014. Seu esposo, Rob, também atua na ANU como diretor de Avanço Universitário. O casal recebeu essas posições na ANU após designações no *Nazarene Theological College* na África do Sul e no Centro Global de Ministérios em Lenexa, Kansas, EUA. Cindy é uma presbítera ordenada pela Igreja do Nazareno com um doutorado em Ministérios pelo *Asbury Theological Seminary*, com uma paixão pela transformação espiritual.

Não há um dia que seu título e descrição de trabalho não a faça sentir-se mais humilde. "Eu sempre me sinto impressionada, mas isso me chama a colocar os joelhos no chão diante do Senhor, onde sempre há respostas e capacitação além de qualquer coisa que eu possa ver ou imaginar", afirma Cindy.

Como alguém poderia não sentir-se impressionada? Os estudantes vêm de mais de vinte e seis países. Cada ano, a lista pode incluir o Quênia, Tanzânia, Uganda, Ruanda, Burundi, Malauí, Zimbábue, Zâmbia, Sudão, Etiópia, Eritréia, entre outros. É uma colcha de retalhos de herança política, econômica, social, familiar e tradições que se reúnem nas salas de aula, nos jogos de basquete e na capela.

O elemento internacional é um desafio. O fato da ANU ser principalmente um *campus* passageiro é outro. Apenas quatrocentos alunos moram em dormitórios no *campus* principal, enquanto 1.500 viajam para o *campus* principal e 1.200 para o *campus* de Nairóbi. Cerca da metade dos matrículados participam de aulas noturnas.

Outro desafio é o *campus* duplo.

O *campus* na cidade

O *campus* satélite da ANU está localizado a pelo menos 45 minutos de carro de Nairóbi, quando o congestionamento do tráfego é baixo. Pode levar até duas horas e meia para fazer a viagem de ida, dependendo da hora do dia. O *campus* da cidade fica no distrito comercial densamente povoado de Nairóbi e tem uma atmosfera diferente.

A ANU ocupa parte do terceiro andar e todos os cinco andares mais altos de um prédio de oito andares localizado na área congestionada de trânsito perto do terminal de transporte de ônibus. Uma vista do andar superior dá-lhe uma ideia. Um mercado livre enche as calçadas da rua enquanto duas pessoas empurram uma carroça cheia de pacotes em uma rua lotada de táxis e carros. Os pedestres cruzam essas ruas movimentadas sem sequer considerar qualquer tipo de regras de trânsito.

Os estudantes do ensino médio são, em sua maioria, estudantes de educação pós-secundária que buscam um diploma de três anos ou um certificado de dois anos em várias disciplinas. Mesmo estes não sendo diplomas universitários, eles lhes dão ingresso à força de trabalho, incluindo a colocação em educação, saúde e negócios. Alunos do período noturno são principalmente envolvidos em programas de mestrado e tendem a ser mais velhos e mais focados.

A ANU também estabeleceu centros de aprendizagem à longa distância que matriculam estudantes que não podem viajar para o *campus* principal da ANU ou o *campus* da cidade. Embora gerenciar alunos em muitos lugares diferentes dificulte a conexão, também aumenta o alcance da universidade.

Equipe de desenvolvimento espiritual

Ministrar essa rica diversidade na ANU não é fácil. Cindy North trabalha através de uma equipe de desenvolvimento espiritual. Shaun Bati é o capelão assistente em tempo integral no *campus* principal. Ele formou-se na ANU em 2014 com um bacharel em religião e atualmente está cursando um mestrado em religião na ANU. O Pastor Charles Onyango é o capelão assistente em tempo integral no *campus* da cidade. Ele é um presbítero ordenado que também serve como pastor associado na Igreja do Nazareno de Riuru, a trinta minutos de Nairóbi. Veronica Mutaganswa é a assistente administrativa no escritório de capelania. Ela faz mais do que o trabalho de secretariado. Ela frequentemente ora com os alunos e está envolvida em atividades de discipulado entre os alunos. A Equipe de Desenvolvimento Espiritual supervisiona os cultos de capela e fortalece o foco do discipulado entre os alunos. Eles também planejam a Semana da Santidade.

A Semana da Santidade é uma ênfase espiritual concentrada de cinco dias que ocorre no primeiro mês de cada um dos trimestres que constituem o ano acadêmico. A Equipe de Desenvolvimento Espiritual convida um orador especial que se adapta à população e ao contexto do aluno, alguém que possa articular e engajar. A primeira semana acontece no *campus* principal e a segunda semana segue para o *campus* da cidade em Nairóbi. Com música, oração, mensagem e um convite para aceitar pessoalmente o convite de Cristo para segui-lo, a Semana da Santidade é o chamado transformacional para fazer com que seguir a Deus seja uma busca por toda a vida. "Você é um agente de mudança", proclamou o Rev. Mashangu Maluleka[21] durante a Semana de Santidade de 2016. "Você é o poder transformador de Deus que deve mover e agitar a África". Mas isso não é apenas um chamado à ação social. Este é um convite claro para dar a Deus a primeira autoridade em transformação.

É uma visão bonita ver alunos orando nos altares da capela. Alguns reentregam as suas vidas a Cristo. Alguns experimentam um avanço espiritual. Alguns vêm a Cristo pela primeira vez. Ao pensar em ANU, ore por esses encontros tão importantes e pelas pessoas que foram mudadas por causa deles. Respostas à oração aqui são uma grande prioridade para a ANU.

A equipe de louvor dos alunos do campus
na cidade cantando de todo coração.

Abordando outras religióes mundiais

Outro desafio que a ANU enfrenta tem a ver com estudantes
com diferentes origens religiosas. A mesma lei nacional que tornou
possível uma universidade cristã privada é a mesma lei que dá às outras religióes do mundo o direito de praticar a sua fé. No entanto, o
Manual do Estudante afirma claramente que a "ANU é puramente
uma universidade cristã e, portanto, apenas fornece locais de culto
para os cristãos. Espera-se que os estudantes de qualquer outra religião façam seus próprios arranjos privados fora das instalações da
universidade". A boa notícia é que a lei não interfere na autoridade da
escola em exigir a frequência nos cultos de capela de todosos alunos.

Ambos os *campus* têm culto de capela. O *campus* principal tem
culto de capela às terças e quintas-feiras. O *campus* da cidade tem um
culto de capela às segundas e quartas-feiras, bem como um culto de

capela noturna de quarenta e cinco minutos que gira pelos dias de segunda a quinta-feira. O motivo das rotações é para não interromper a mesma classe. No entanto, a rotina de um horário de aula e o culto de capela não podem contornar os rituais de oração exigidos. Alguns alunos devem sair da aula e muitas vezes o prédio para manter esses horários de oração.

É claro que nem todo estudante considera o culto de capela importante. Um aluno que frequentava as aulas no *campus* da cidade estava faltando a capela, então o escritório do capelão contatou a mãe do aluno. A família caiu nos vinte por cento dos quenianos que não são cristãos.[22] A mãe ficou muito triste ao saber que seu filho estava perdendo o bom ensino da capela e prometeu que ela se certificaria de que seu filho estivesse de volta à capela. As diferenças religiosas não eram tão importantes para essa mãe quanto obter "bons ensinamentos".

Além disso, há o medo de estudantes de diferentes origens religiosas de mostrar qualquer acordo aberto com a mensagem cristã. É um desafio sobre o qual toda a Equipe de Desenvolvimento Espiritual continua orando. Veja, por exemplo, uma jovem que permaneceu sentada certa manhã no final do culto de capela quando todos saíram da sala.

"Você gostaria que alguém orasse com você?", perguntou o conselheiro de oração.

"Eu não posso ser vista orando aqui", respondeu a estudante, mantendo a cabeça baixa.

Quando a capelã Cindy ficou sabendo o que aconteceu, ela entendeu. Ela entendeu as implicações que a garota enfrentaria. Sua família poderia desonrá-la ou pior. Mas Deus ouviu o seu coração e se ficar em seu assento era sua maneira de mostrar interesse, era uma abertura. Existem "muitas oportunidades na linha de frente", pensou Cindy North. Afinal, a oportunidade é a matéria-prima para a transformação.

Viagens missionárias

Uma maneira fundamental de ajudar os alunos a entender a visão de participar da transformação espiritual envolve viagens missionárias. Viagens missionárias dão aos alunos a chance de envolverem-se em ministérios de compaixão. Na maioria das vezes, eles não precisam ir muito longe para fazer isso. A viagem missionária anual para trabalhar com a Igreja do Nazareno de Mathare, e a escola que administram nesta área atingida pela pobreza é apenas um exemplo.

Chamar *Mathare* de favela é quase um eufemismo. Parece mais um monte de lixo. É uma planície esquecida de retalhos de barracos de onde você acha que nada humano poderia viver. Mas eles vivem. As famílias coletam retângulos de estanho de 1,8 m x 2,4 m, remendam-nos com lama e chamam-nos de lar. Quase 500.000 pessoas vivem neste terreno precário de apenas 7,7 quilômetros quadrados.[23]

> **Existem muitas oportunidades na linha de frente.**

A ANU está levando a sua missão de transformação para esse lugar desconfortável.[24] O *Christian Union Club*, um clube liderado por estudantes que oferece oportunidades de ministério em todo o Quênia em escolas secundárias, faculdades e universidades, tem um grupo ativo na ANU. Eles tentam planejar pelo menos uma viagem de alcance a Mathare por ano. O presente do *"Glory Bus"* [Ônibus Glória] em 2016 por um doador anônimo possibilita a viagem para Nairóbi. A equipe quer trazer a infância de volta para crianças que sabem pouco, exceto a sobrevivência por crime ou drogas. Com os voluntários da ANU, eles jogam, desfrutam de artes simples e compartilham histórias da Bíblia. A equipe também se conecta com os adolescentes para abordar os problemas críticos na adolescência, tendo em vista a alta prevalência de HIV/AIDS. Paris Akoyi, graduada pela ANU, chefia a *Community Care School* que o seu pai, o Rev. Paul Akoyi, iniciou. Outros grupos no *campus* se mobilizaram para participar desse projeto de alcance.

A resposta da Garissa University

Os alunos da ANU também procuram outras maneiras de alcançar pessoas. Quando terroristas atacaram o *campus* da *Garissa University College*, no Quênia, eles mataram 148 pessoas, a maioria delas cristãs. Apesar de *Garissa* estar localizada a aproximadamente 370 quilômetros ao norte de Nairóbi, a ANU considerou esta tragédia algo que eles deveriam ajudar. Eles responderam de forma tangível, reunindo alimentos e bebidas e entregando-os à Cruz Vermelha, que os distribuiria às famílias amontoadas, à espera da identificação dos corpos de membros da família.

Eles também reuniram-se de outra maneira. Eles reuniram-se para orar. "Após o ataque de Garissa, nossa comunidade ANU ... forneceu um lugar tranquilo para orar sobre as muitas questões e preocupações que este evento trouxe a todos no Quênia", explicou a capelã Cindy.

Embora a Equipe de Desenvolvimento Espiritual esteja comprometida em fornecer o maior número possível de caminhos para os estudantes satisfazerem a sua necessidade de transformação espiritual, às vezes, Deus apenas leva a pessoa ao lugar certo, na hora certa. Essa é a história de transformação de Enok.

História de Enok

Enok é um exemplo de uma vida transformada. Seus pais se separaram sete meses depois que ele nasceu, e um juíz enviou o bebê Enok para morar com o pai. Depois que o seu pai morreu quando Enok tinha seis anos de idade, Enok passou por uma série de lugares imprevisíveis e muitas vezes perigosos para se viver. Mais de uma vez a sua vida esteve em risco. Mais de uma vez ele viveu isolado e quase não sobreviveu.

Quando ele foi expulso de uma casa temporária com nada além das roupas que ele tinha, ele se conectou providencialmente com alguém que não só lhe deu um quarto, mas também um trabalho. Pela primeira vez, Enok percebeu que havia uma força invisível protegendo-o. Ele acreditava que era Deus e decidiu ir a uma igreja próxima no domingo. Se Deus realmente estivesse cuidando dele, talvez ele devesse conhecer melhor a Deus.

Ele estava no Ensino Médio quando um visitante na sua escola conheceu Enok e estava especialmente interessado na história dele. Na verdade, ele ficou tão comovido com a coragem e tenacidade de Enok, que decidiu patrocinar o resto de sua educação, incluindo a faculdade.

Enok ouviu falar da *Africa Nazarene University* através de um amigo. Mesmo que ele não soubesse nada sobre a Nazareno, ele decidiu dar uma olhada. Assim que ele se matriculou, ele encontou um mundo de pertencimento de que ele tinha ouvido falar, mas nunca experimentado.

"A vida na ANU tem sido bonita... Através da comunidade, conheci a Dra. Cindy. Ela tem sido minha mãe espiritual ... e isso também aumentou meu relacionamento com Deus ... Minha visão tem sido ser uma voz para os que não tem voz em minha sociedade."

De uma maneira muito real, a vida começou para Enok na ANU. É onde ele encontrou o chamado de Deus para compartilhar a sua vida transformada com os outros.

Esta é a oração nos corações dos professores, funcionários e administração quando eles se reúnem para o culto de capela. Eles querem ver mais estudantes como Enok encontrando o seu caminho, saindo de circunstâncias complicadas e chegando até Deus. Eles querem ver a transformação que começa no coração.

Voltando à capela

Fomos ver como os estudantes se reúnem para o ínicio do culto de capela no oitavo andar do *campus* na cidade. A equipe de adoração terminou o seu ensaio e está pronta. Há apenas mais uma coisa que eles precisam fazer. Eles precisam orar. O líder estudantil da equipe de louvor reúne os cantores e instrumentistas em um círculo. Eles dão as mãos e oram para que Deus os leve além da prática e abram os corações através da música e das palavras do pregador.

A capelã Cindy sorri. "Sim", ela concordou. "Este é o caminho para a transformação".

Enquanto a transformação espiritual é a pedra angular da ANU e os estudantes são o seu principal alvo, a universidade também tem um alcance na comunidade a sua volta. Em um continente onde a terra precisa de um tipo diferente de transformação, a ANU também está levando a mensagem para lá. E um graduado da ANU, John Henry, tornou-se o seu porta-voz.

Capítulo 6

Transformando a terra *e* das pessoas

John Henry Ogonda levantou-se em meio as crianças em idade escolar, seus pais e professores, com a pá na mão.

"Veja. É assim que você cava para plantar feijão".

John Henry escolheu uma encosta e escavou um espaço criando dois níveis.

"Isso preservará a água que chega", explicou ele. "Agora vocês", disse ele e apontou para alguns pegarem as suas pás. É assim que eles são iniciados na agricultura da terra seca, assim como John Henry aprendeu quando criança.

História de John Henry

Por um momento, John Henry pôde ouvir a voz de sua mãe. Ela foi sua primeira professora da terra enquanto ele crescia no oeste do Quênia. A agricultura sempre foi uma guerra contra a seca, o solo sobrecarregado e o calor implacável. Mas a sua mãe aprendeu a deixar a terra ser a sua professora. Ela aprendeu o que protegia as mudas vulneráveis. Ela não replantou o que lutou para crescer sem bons resultados. A água era escassa e sua mãe encontrava formas inventivas de conservá-la. Ela ensinou John Henry a ouvir a terra enquanto protestava ou cantava. John Henry tornou-se uma dessas mudas, crescendo em uma terra seca e sobrevivendo. Sua sobrevivência tornou-se um chamado para trabalhar a terra, protegê-la, restaurá-la e ensinar os outros a fazer o mesmo.

Quando John Henry estava pronto para o ensino médio, ele teve que estudar negócios porque o governo queniano havia removido a agricultura de seu currículo. No entanto, quando a sua professora de administração no Ensino Médio começou um clube de agricultura para gerar comida para a escola, John Henry encontrou a sua preferência. O que a professora queria ensinar como uma lição de negócios, John Henry usou para alimentar a sua paixão: aprender sobre a terra e torná-la sua amiga. O projeto do clube ensinou-lhe novas maneiras de obter água. Eles reciclavam a água da cozinha para usar na terra.

Chegando a ANU

Quando chegou a hora de considerar uma universidade, a irmã de John Henry se ofereceu para ajudá-lo a encontrar uma universidade em Nairóbi, porque é onde ela morava. Entre os folhetos que ela coletou, estava um da *Africa Nazarene University*. John Henry ficou satisfeito ao descobrir que eles ofereciam um diploma em Ciências Naturais. Ele também ficou intrigado com o próprio *campus*. A universidade era um jardim no meio da terra seca. Que lugar maravilhoso para descobrir como alguém poderia fazer a terra florescer.

Mas como um *mshamba*, um primitivo garoto de fazenda, se encaixaria com todos os estudantes chamativos vindos das cidades? Não muito bem no começo. Ele sentou-se separadamente sem se misturar com os outros alunos durante os dias de orientação. Nada mudou até conhecer a vice-chanceler Marangu. Ela encontrou John Henry sentado sozinho como de costume. Ela o surpreendeu em uma realidade que ele não tinha pensado quando ela disse,

Sua data de formatura está definida e a contagem regressiva começa agora. Você tem que começar com o fim em mente, e você tem que ser responsável. Não haverá sinos para acordá-lo, ninguém para lhe dizer para ir comer, fazer tarefas ou ler.

Foi quando John Henry soube que ela havia sido enviada como seu anjo da guarda. Ele não podia deixar sua insegurança impedi-lo de mergulhar em sua experiência universitária.

Não foi até que John Henry se juntou ao Clube Ambiental para participar do plantio no *campus* e conheceu a vice-chanceler de uma forma que influenciou o resto de seu tempo no *campus*. Ele não podia acreditar que ela estava plantando com eles, ombro a ombro, pá a pá. Naquele dia, John Henry aprendeu que ela era "a V.C. que suja as mãos para melhorar o local de trabalho".

Poucos de seus colegas entendiam por que John Henry estava falando sério sobre solo e plantas. Eles tinham principalmente percepções negativas sobre a agricultura. Agricultores eram pobres. Pessoas aposentadas cultivavam. O futuro estava em computadores e tecnologia.

Isso não perturbou John Henry. O próprio fato de eles terem tais pensamentos sobre a terra e a agricultura apenas o fez mais determinado a mostrar-lhes algo diferente. "Eu quero fazer algo que torne as pessoas produtivas, algo que eu possa usar para ser empregado e que empregue outras pessoas", explicou John Henry.

Em 2013, John Henry formou-se pela ANU. A vice-chanceler Marangu reconheceu que eles tinham um colega em John Henry.

A universidade pediu que ele continuasse como administrador assistente no Departamento de Meio Ambiente e Recursos Naturais. Ele juntou-se à equipe em uma missão de transformação. Enquanto a terra precisou de muita transformação, não haveria mudança a menos que ele pudesse trazer transformação para as pessoas também.

E é por isso que ele estava em uma escola local treinando alunos e seus pais sobre a agricultura em terras secas. "O que eu faço vem da minha experiência com a falta de água em casa, e eu não quero que outros passem por esse lado negativo."

Agricultura de terras secas

Como estudante, John Henry aprendeu muito sobre o povo Maasai, cuja terra faz fronteira com o *campus* da ANU. Ele entendeu que os Maasai conhecem o gado melhor que as lavouras. John Henry está introduzindo a agricultura de terras áridas para o povo Maasai

John Henry ama plantar!

queniano, a fim de duplicar a sua capacidade de alimentar as suas famílias. A mesma terra pode produzir vinte vezes mais em cultivos para nutrição do que as vacas podem produzir para alimentar uma família. Ele ensina os Maasai a plantar tomates, melância e feijões tradicionais. Ele diz que, seguindo seu plano de tratamento, eles podem começar a colheita em apenas cinco semanas! Isso é muito menos tempo do que o necessário para criar uma vaca para o mercado ou o abate.

John Henry é professor nesses momentos. Ele não vai à escola se não puder ensinar pais *e* filhos porque sabe da importância de se apropriar das lições. Eles devem cavar o solo, plantar as sementes e irrigá-las por conta própria. Se a plantação falhar por falta de cuidado, eles devem sentir que a oportunidade e a refeição foram perdidas.

Uma visão transformacional

Ele também tem uma visão transformacional para os alunos da ANU. Muitos estudantes têm pouca experiência em agricultura. Eles vieram das cidades e compram sua comida em mercearias ou mercados. John Henry sempre tenta levar um estudante com ele para observar quando ele ensina o plantio em terras secas.

Se você conversar com John Henry o suficiente, você o ouvirá repetindo o seu ditado favorito: "Se você não faz parte da solução, você é parte do problema". John Henry está sempre procurando fazer parte da solução e quer envolver os outros. "Use o que você tem e seja a mudança que você quer ver". Ele leu isso do Dr. Isaac Kalua, um dos influenciadores contemporâneos de John Henry. O Dr. Kalua fundou a *Green Africa Foundation*[25] em 2000. O objetivo da Fundação era fazer com que os quenianos cuidassem da terra, plantassem mais árvores e reduzissem o desmatamento.

Quando John Henry convidou o renomado ambientalista queniano, Dr. Kalua, para falar em nome do Clube do Meio Ambiente, todos ficaram surpresos por ele ter aceitado.[26] John Henry havia criado a campanha "Plante a sua estadia, salve a Terra" para aumentar a participação do *campus* em tornar mais verde a sua parte do mundo. A campanha incentivou os funcionários a plantarem uma árvore para cada ano de serviço na ANU, enquanto os alunos plantavam árvores para igualar o triplo do número de semestres restantes antes de suas formaturas. A Fundação do Dr. Kalua doou 2.000 mudas para o evento.

O Movimento da Cultura Verde para a ANU

John Henry quer que os estudantes da ANU participem de sua própria iniciativa verde. É por isso que ele começou o Movimento da Cultura Verde. "No momento em que você toca o ambiente, você afeta o clima e a vida selvagem", explica ele. "Você não pode separar a agricultura e o meio ambiente". Ele sabe que hábitos repetidos se tornam parte da cultura. Ele quer que a cultura do *campus* da ANU pense em verde, seja verde e "seja a solução".

> Ele quer que a cultura do campus da ANU pense em verde, seja verde e "seja a solução".

John Henry lidera pelo exemplo. Ele planta uma árvore quando há algo para celebrar. Ele acredita que uma árvore é algo que crescerá e adicionará mais do que uma memória ou revisão histórica. Ele celebra um aniversário trazendo uma muda para plantar. Ele honra uma vida que acabou plantando uma árvore em sua memória. Quando alguém inaugura um prédio ou inicia uma organização, eles precisam de uma árvore e John Henry traz uma.

Um coração de servo

John Henry está fazendo a diferença na ANU e em sua comunidade. Sua determinação suave, de fala mansa e discreta não passa despercebida. Uma estação local entrevistou-o. Escolas solicitam a sua ajuda. Ele pegou o jeito de seu mentor e é aquele que "suja as mãos". Ele até está trabalhando em um livro para identificar cada planta e árvore no *campus* da ANU. Ele pediu ao membro do corpo docente, Amy Crofford, que não vai a lugar algum sem sua câmera, para tirar fotos para o projeto. Ele terminou cerca de vinte e cinco variedades botânicas e tem cerca de mais trinta para completar. Os alunos estão refazendo as etiquetas de identificação que começam a mostrar a sua idade. É o amor dele pela escola que lhe dá a chance de fazer o que ama.

Alguns acreditam que os edifícios fazem a maior diferença enquanto eles levantam as suas paredes acima da terra. John Henry empresta a visão de sua mentora, a professora Marangu, ao compartilhar que a terra é uma ilustração viva sobre o que Deus quer fazer com uma vida. Ele acredita que Deus quer que a beleza da terra lembre aos estudantes e a todos que Deus traz beleza a uma vida que Ele transforma. John Henry acredita nisso porque isso aconteceu com ele!

Capítulo 7

Capacitando pastores

Outra parte da missão de transformação da ANU envolve capacitar os pastores. A ANU tem uma equipe dedicada de professores de religião e ministério cristão que desejam que as boas novas de Deus impactem seus alunos de tal maneira que compartilhar o evangelho se torne o seu propósito e paixão.

A tarefa é assustadora: preparar pastores e servos ministeriais para o seu continente desigualmente desenvolvido. Atualmente, há mais de 150 graduados pelo programa de bacharelado e outros cinquenta pelo programa de mestrado. Eles servem não apenas no Quênia, mas na Nigéria, Costa do Marfim, Gana, Etiópia, República Democrática do Congo, Ruanda, Zâmbia, Zimbábue e Uganda.

Embora a história de cada aluno seja uma história de desafio, convite e transformação, a história do Rev. Joseph Kisoi é uma boa história para ser compartilhada. Ele encontrou o seu lugar na missão transformacional como parte do corpo docente da Escola de Religião e Ministério Cristão. Como parte da terceira turma de formandos da ANU, ele tem visto muita transformação.

Uma vez que você ouve a ressonante e grave voz do queniano, Joseph Kisoi, você não se esquece dele. Ou talvez seja a maneira com que o sorriso dele te deixa à vontade e te trata como um amigo bem--vindo. Ele é envolvente, articulado e apaixonado pela ANU. Ele leciona ali desde 2001. Na verdade, desde que ele veio como aluno para a ANU em 1997, ele nunca mais saiu.

Ele é um dos seis professores em período integral, e com mais dez professores servindo meio período, eles completam o corpo docente da escola para mais de cem alunos matriculados nas aulas. Ele tornou-se o primeiro africano a trabalhar em tempo integral na Escola de Religião e Ministério Cristão.

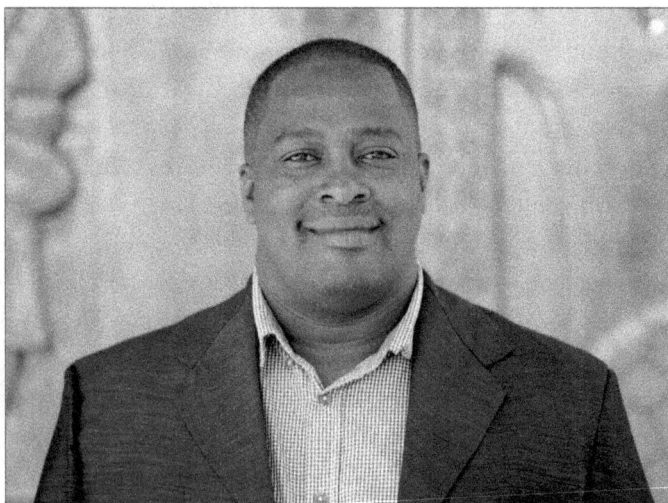

Rev. Joseph Kisoi, Escola de Religião e Ministério Cristão

Dizer que a ANU tem sido uma parte transformadora de sua vida é um eufemismo. Ele conheceu a sua esposa na escola, trabalhou no escritório do deão dos estudantes depois de se formar, criou a sua família de três filhas aqui e terminou um mestrado em Religião aqui.

Joseph cresceu em uma família de seis pessoas no Kangundo, a nona maior área urbana do Quênia. Ele se lembra de como chegar a ANU nos primeiros dias foi como chegar a um posto avançado no meio de uma reserva de vida selvagem.

As girafas vinham comer das árvores. Minha esposa e eu vimos leões bem próximo por três vezes. Uma vez estávamos sentados cerca de 100 metros fora da universidade e exatamente onde estávamos sentados, um leão sentou-se nos arbustos. A segunda vez encontramos um na estrada, mas felizmente estávamos dirigindo. Na terceira vez, encontramos leões em nosso portão quando estávamos tentando entrar.

Também tínhamos zebras por aqui. Tínhamos hipopótamos a cerca de 200 metros da universidade.

Claro, a cena é diferente hoje. A propriedade cercada restringe o acesso de animais. Apenas os macacos que vivem nos penhascos do outro lado do rio Athi, que fica atrás do *campus*, ainda vagam por ali ocasionalmente.

Quando Joseph chegou a ANU, ele nunca tinha ouvido falar da Igreja do Nazareno.

Eu não sabia que havia uma denominação conhecida como Igreja do Nazareno. Então eu vim aqui e vim a conhecer os nazarenos e o que eles representam, e eu me apaixonei pela Igreja do Nazareno. Foi quando resolvi me tornar um ministro da Igreja do Nazareno.

Uma girafa atrás do *campus* nos primeiros dias.

Joseph lembra-se de um *campus* estéril. Havia uma capela, dormitórios e o departamento de religião com seis estudantes, incluindo ele próprio. Ele tem visto um grande crescimento na população estudantil e docente, na estética do *campus*, no número de edifícios e no modo como a ANU está capacitando e enviando pastores.

Passar a mensagem de santidade para uma nova geração de pastores para a África é a paixão deste homem piedoso. Ele está em sintonia com os desafios que seus alunos enfrentam, porque ele cresceu com eles.

Há muitos desafios em articular a mensagem de santidade aos pastores africanos. Barreiras culturais são um deles. Sempre que há uma crise, muitos dos nossos povos parecem recorrer a formas pagãs. Eles querem conhecer e testemunhar o poder de Deus, mas é como uma porta que parece ser muito alta na África, onde o poder de Deus está de um lado, e o poder das trevas lutando quase igualmente do outro lado.

Eu acho que o desafio aumenta a necessidade de discipulado. As pessoas precisam ser discipuladas até a maturidade em Cristo e saber como se desvencilhar do mundanismo.

O outro desafio é o ambiente. Parece que não ligamos a nossa teologia ao nosso ambiente. A Bíblia conecta o ambiente e coloca os humanos no Jardim para ter um relacionamento com o Outro Ser Sagrado. Eu vejo a necessidade de uma teologia ecológica, uma hermenêutica ecológica.

O outro desafio tem a ver com dinheiro. Nos últimos três anos, não vimos muitas chuvas. Uma enorme porcentagem do povo africano é agrícola. Eles sofreram economicamente por causa da seca. Para as pessoas que trabalham em escritórios, elas podem não perceber o impacto da seca. Mas para o pobre agricultor, é um grande desafio. Eu vejo isso como um desafio, porque quando você ministra para as pessoas famintas e fala da bondade de Deus no meio de todas essas crises, você tem pessoas perguntando como é que existe um bom Deus que ama e cuida de nós e que não envia chuva.

Embora essas questões sejam complicadas de abordar, elas fornecem maneiras para os pastores alcançarem as pessoas onde elas estão. Capacitar os pastores para lidar com essas e outras questões torna-se mais do que uma decisão de currículo, torna-se um mandato.

Envolver os alunos em questões reais e abri-los ao poder de Deus e a sua missão, é a paixão do Rev. Kisoi. Nada o encoraja mais do que ver a transformação na vida de um estudante.

Eu ensino Antigo Testamento. Ocasionalmente, eu tenho alunos vindo … que não professam conhecer a Cristo. Às vezes, um vem ao meu escritório e diz: "Professor, por causa do que aprendi, quero entregar minha vida ao Senhor Jesus Cristo". Isso é muito recompensador.

Outras vezes um estudante, mesmo de outros departamentos, vem e diz "Eu quero fazer uma especialização secundária em teologia". É encorajador que as pessoas sintam o valor da educação teológica.

Não é fácil ser pastor na África. Há expectativas familiares e percepções culturais que podem enviar um estudante de religião em uma jornada difícil. O Rev. Kisoi explica:

Aqui na África, o conceito de ser pastor é menosprezado. Eles dizem "tão quieto quanto um rato da igreja, tão seco quanto a garganta de um pastor, tão vazio quanto o bolso de um pastor". As pessoas não acham que você pode ter um emprego significativo depois de estudar teologia. Muitos de nossos estudantes que vêm estudar teologia são meio que abandonados por suas famílias. As pessoas estariam dispostas a vender propriedades para ajudar um aluno a fazer ciência da computação ou comércio. Não muitos o fariam para um estudante de teologia. É por isso que muitos dos nossos alunos que estudam teologia são patrocinados pelas igrejas de onde eles vêm.

> Eu diria que, como igreja, estamos numa posição estratégica para espalhar a mensagem de santidade.

Enquanto a ANU ajuda os estudantes com bolsas de estudo, elas nunca são suficientes. Mas Joseph Kisoi não se desencoraja.

Eu diria que, como igreja, estamos numa posição estratégica para espalhar a mensagem de santidade. Nós vemos muita transformação aqui. Eu acredito que a nossa herança de Santidade Wesleyana tem algo a oferecer ao resto do mundo porque é uma mensagem rara.

Dos seis alunos, quando Joseph começou a frequentar a ANU, agora existem cem alunos ou mais. A maioria se tornarão pastores, enquanto alguns se tornarão professores em instituições teológicas, e outros tomarão posições em organizações de fé paraeclesiásticas.

O treinamento desses alunos não vem apenas de livros e palestras. Os alunos são obrigados a estagiar nas igrejas locais. Pastores africanos nazarenos fornecem orientações muito necessárias. Alguns alunos encontram aprendizado na vida real enquanto ajudam no escritório da capelã, lideram cultos de adoração ou conduzem estudos bíblicos. Duas vezes por ano, a Associação de Estudantes de Religião promove uma missão para as aldeias no Quênia. Eles fazem cultos de avivamento ou mostram o Filme JESUS, o que quer que chame as pessoas à salvação ou fortaleça a fé delas. Esta é uma aplicação em tempo real para os alunos, e eles levam isso muito a sério.

O Rev. Kisoi faz parte de uma grande história na ANU, uma grande transformação. Ele se junta a todos os residentes ou professores visitantes para capacitar os alunos que pregarão, ensinarão e trarão um impacto transformador nos outros. Dois ex-alunos estão ensinando na ANU na Escola de Religião. O Rev. Kisoi aponta para os seus escritórios e sorri.

O Dr. Kamau foi meu aluno. Gift Mtukwa foi meu aluno, agora chefe do departamento. Então sim, eu tenho feito parte da história e é bom. Eu só posso dizer que todo mundo tem um pequeno canto designado por Deus para compartilhar a luz de Deus. Eu acredito que estamos fazendo o nosso melhor para ter certeza de que somos a luz de Cristo onde estamos!

Capacitar os pastores para tomar o seu canto desta tarefa assustadora é apenas uma parte do objetivo da ANU. Os alunos de outros departamentos também têm um papel de responsabilidade. Eles serão advogados, juízes, professores, repórteres de notícias, desenvolvedores de negócios, para citar apenas alguns. Embora não haja espaço para contar todas as histórias, alguns exemplos ajudarão você a ver o alcance potencial que a ANU tem na cultura.

Capítulo 8
Transformando a cultura

Pessoas transformadas transformam o mundo, não por ideologias, carisma ou notoriedade. A verdadeira transformação ocorre quando os alunos pegam o que aprenderam e colocam em prática. Agora você entende que não é apenas uma escola ou departamento ou administrador que articula a mensagem de transformação na ANU. Ela é difundida em todas as aulas, clubes, palestras, *workshops*, e-mails e ênfases especiais.

Um lugar onde os acadêmicos conhecem a cultura é através da Escola de Direito.

A Escola de Direito

Em 2010, a ANU abriu a Escola de Direito. A universidade recebeu o credenciamento para a escola em 2014. Na verdade, a ANU é "a primeira universidade a receber uma acreditação completa de cinco anos pelo Conselho de Educação Jurídica do Quênia.

Este é o máximo permitido. Isso mostra a confiança que eles depositam em nós", diz o vice-chanceler adjunto Rod Reed com um orgulho compreensível.

Por que uma escola de artes liberais relativamente pequena lidaria com algo tão complicado quanto leis em um país conhecido por sua corrupção? Para John, um graduado recente, é porque "a Escola de Direito da *Africa Nazarene University* fez de mim o advogado pelo qual o mundo estava ansioso – um advogado altruísta cheio de integridade e preocupado em servir a humanidade".[27]

> **A Escola de Direito da ANU fez de mim o advogado pelo qual o mundo estava ansioso – um advogado altruísta cheio de integridade e preocupado em servir a humanidade**

A maioria dos estudantes de direito credita as suas participações em competições de tribunais simulados como uma preparação crítica para os processos legais que enfrentam após a graduação. Esta é uma competição que simula o cenário do tribunal para dar aos estudantes de direito a chance de discutir casos em situações tão reais quanto possíveis. É uma competição julgada onde eles selecionam uma equipe vencedora, além de premiar a excelência em apresentações individuais.

A ANU tem participado regularmente em competições de tribunais simulados, tanto nacional como internacionalmente, e muitas vezes retorna com prêmios. Alunos trouxeram prêmios de Melhor Oralista, Advogado Mais Promissor, Melhor Orador Queniano e Melhor Orador. A ANU realizou a sua terceira competição Anual de Tribunal Simulado de Investimentos Estrangeiros Diretos. Este Tribunal Simulado discute as questões legais que envolvem tratados internacionais, bem como disputas.

Na Competição de Tribunal Simulado na *Bharati Vidyapeeth Deemed University* na Índia, uma equipe de três pessoas da ANU ficou em segundo lugar entre 33 equipes em março de 2018. Ao longo de seu envolvimento nessas competições, os estudantes apresentaram argumentos em tribunais simulados sobre direitos humanos, advocacia, anistia e outras questões que assolam o seu país e o mundo. É uma conquista estelar para uma nova escola de direito!

Os estudantes de direito não estão esperando pela graduação para fazer a diferença. Eles organizaram o seu próprio periódico da Escola de Direito que é "o único jornal de direito internacionalmente aclamado publicado por uma escola de direito no Quênia".[28] Os estudantes de direito pesquisam direito internacional e comparativo com foco em questões legais africanas. Advogados internacionais estão prestando atenção!

Dentro da Escola de Direito está o Departamento de Paz e Conflito. Através de aulas e *workshops*, este departamento também tem um alcance importante.

O Departamento de paz e conflito

Neste país de conflitos tribais e disputas fronteiriças, tentar mitigar conflitos geracionais não é uma questão pequena. As aulas neste departamento compartilham a ética cristã sem desculpas. Imagine o quanto é significativo que generais das forças armadas

Estudantes de Direito recebem o seu prêmio na Competição de Tribunal Simulado, em Bahrati, Índia.

do Quênia, o porta-voz nacional da força policial do Quênia, bem como senadores e membros do Parlamento, tenham passado pelos programas da ANU e se formado. As aulas de Paz e Conflito chamaram especialmente a atenção de líderes cívicos e políticos. Alguns até estudaram mestrado na ANU. "Achamos que muitos dos nossos programas estão realmente fazendo a diferença na sociedade. É muito gratificante ver que pessoas de relevância estão participando de seus programas", expressou o vice-reitor adjunto Rod Reed.

Um desses formandos fazendo a diferença é Beatrice Elachi. Ela foi nomeada para o Senado do Quênia em 2013 e tornou-se a primeira mulher a ocupar uma posição de liderança partidária no Parlamento do Quênia. Em 2017, ela tornou-se a presidente da Assembleia do Condado de Nairóbi. Seus diplomas de bacharel e mestrado em Estudos de Governança, Paz e Segurança pela ANU lhe serviram bem na linha de frente de muitos conflitos, incluindo um muito pessoal que trouxe intensa oposição e escrutínio e foi originado por corrupção. Ore por Beatrice Elachi enquanto ela aguarda uma resolução legal dos tribunais.

Influenciadores como Beatrice Elachi são aqueles que encontram a melhor maneira de comunicar mensagens que inspiram, alertam e inovam. Outro departamento que se concentra em maneiras de fazer isso acontecer é o Departamento de Comunicação em Massa.

O Departamento de Comunicação em Massa

O Departamento de Comunicação em Massa da ANU treina influenciadores em radiodifusão, jornalismo, relações públicas e design gráfico. Seus estúdios de rádio e televisão de última geração os ajudam a atingir esse objetivo. O quarto andar do prédio do *campus* na cidade de Nairóbi abriga as salas onde os alunos aprendem e praticam os diferentes componentes de comunicação em massa. Enquanto uma sala está praticando uma apresentação de notícias, outra sala está cheia de estudantes editando seus filmes, e outra ainda encontra estudantes colados em telas de computador projetando *layouts* de revistas.

A história de transformação da ANU não estaria completa sem compartilhar mais algumas histórias de graduados que obtiveram notoriedade positiva no Quênia.

No estúdio de produção de TV

Um graduado de ciência da computação virou radialista

Waihiga Mwaura graduou-se pela ANU em ciência da computação, mas voltou-se para o jornalismo de maneira premiada. Ele encontrou seu ponto ideal na transmissão de esportes. A CNN homenageou o seu trabalho com o prêmio *MultiChoice* para jornalistas africanos em 2012 por uma história sobre uma equipe de guerreiros Maasai treinando para o críquete enquanto aprendem sobre a prevenção do HIV/AIDS. Mais recentemente, ele ganhou o prêmio da *BBC World News Komla Dumor* por sua habilidade de dar voz aos africanos através de suas narrações e reportagens investigativas.[29]

Waihiga é conhecido por seu espírito brincalhão, jornalismo investigativo e testemunho cristão. Quando entrevistado na KBC TV, a estação de televisão estatal que transmite notícias, entretenimento e programação educacional, Waihiga começou a entrevista dizendo: "Acredito em um bom Deus que nos permite atravessar tempos difíceis, mas no final cuida de nós".[30] Ele explicou que "o que me impulsiona é impactar o mundo e, como cristão, tenho compaixão pelas questões mundiais e eu acredito... no que Deus planejou para mim."[31]

Uma bancária que virou uma empresária inovadora

Lorna Rutto também se formou pela ANU. No entanto, ela descobriu que usar o seu diploma em contabilidade para o trabalho em banco foi insatisfatório. Foi quando ela se transformou em uma empreendedora que mudou a sua vida e está se preparando para mudar a vida de outros. Seu negócio usa lixos plásticos resgatados de lixões e latas de lixo para fabricar postes para cercas. Nomeado *EcoPost*, tornou-se uma empresa de $150.000 dólares americanos que emprega mais de 500 pessoas. Em 2011, ela ganhou o prêmio *Cartier Women's Initiative* por seu negócio de sucesso para tratar de uma questão ambiental.[32] Todos os meses, sua empresa reaproveita vinte toneladas de lixo plástico para economizar mais de 250 acres de árvores.[33] Sua visão é transformar o desperdício da África em riqueza, e ela está fazendo isto um poste de cada vez.

Estudantes de direito, jornalistas, radialistas, empresários – eles são transformadores. Você vê isso nos olhos deles. Você ouve em seus objetivos. Você reconhece isso quando eles experimentam engajar a sua cultura.

Lembre-se, a ANU não teria acontecido sem vocês, suas orações, suas doações e seu voluntariado. Vocês fazem parte de uma parceria global. É um lembrete que todos precisamos.

Capítulo 9
Uma parceria global

Como você conta a história de uma parceria global? É uma história que vai além dos missionários que enviamos. É uma história que equipes de Trabalho & Testemunho, Promessas de Fé, e a oração de Nazarenos ao redor do mundo tornam possível.

John Opiyo sabe disso em primeira mão. Ele é o diretor financeiro da ANU desde 2014. Ele faz parte da história da ANU desde que se formou na primeira turma em 1994. Ele se juntou à Igreja do Nazareno com seus pais quando a denominação entrou pela primeira vez no Quênia em 1985. A ANU lhe deu uma carreira e um chamado pelo qual ele é grato.

John prontamente reconhece que a ANU não é uma instituição por conta própria. A parceria entre a Igreja do Nazareno e a instituição é uma parte importante do sucesso da escola. É assim que ele diz:

Se você falar sobre recursos da ANU, não poderá sair da Igreja do Nazareno. A igreja global deu significativamente à universidade em termos de equipes que vêm para apoiar a infraestrutura, ou pessoas que vêm para ensinar, ou missionários. Isso nos ajudou a manter nossas taxas em um nível razoável, para que mais estudantes possam pagar nossa educação.

Pergunte a John Opiyo por que ele recomendaria a *African Nazarene University* e ele tem uma resposta muito específica.

Não é apenas acerca da competência. Há mais educação aqui do que apenas uma nota. Nós damos aos alunos um pacote. Nós desenvolvemos a pessoa inteira. Eu vi isso. Um estudante vem com dificuldades ou hábitos, e dá sua vida a Deus ou sua vida muda de alguma forma, é transformada.

> **Um estudante vem com dificuldades ou hábitos, e dá sua vida a Deus ou sua vida muda de alguma forma, é transformada**

Eu contaria aos alunos sobre a nossa qualidade de educação. Eu contaria a eles sobre os nossos valores que espero que eles saiam daqui com os mesmos. E se eles desejam emprego, temos um bom nome entre as empresas.

John tem orgulho de fazer parte de uma escola que faz essa diferença. Ele é grato à Igreja do Nazareno por sua parceria.

Poucas iniciativas dizem "parceria" melhor que as equipes de Trabalho & Testemunho. A ANU tem um longo relacionamento amoroso com as equipes de Trabalho & Testemunho porque eles tiveram um papel importante no desenvolvimento da universidade. Embora nem todos possam fazer uma viagem de Trabalho & Testemunho, todos podem celebrar o que acontece quando pessoas o fazem.

Equipes de Trabalho & Testemunho na ANU

As equipes de Trabalho & Testemunho são tão importantes para o DNA da ANU que foi construído um mural de honra no meio do *campus* para reconhecer aqueles que deram do seu tempo, energia e habilidade para transformar uma parte do *campus*. Na torre do relógio no centro do *campus*, paredes de tijolos argamassados e blocos de cimento na altura dos ombros erguidas em oito direções. Cada parede tem placas gravadas que registram os nomes individuais daqueles que vieram com as equipes de Trabalho & Testemunho e o ano em que se apresentaram. A primeira placa identifica uma equipe de Pasadena, Califórnia, EUA, em 1988.

No entanto, nem todos os projetos em uma universidade são os típicos projetos de Trabalho & Testemunho.

A equipe de TI de outubro de 2017 na inauguração
de sua placa no mural de honra.

Catalogando 50.000 livros!

A formidável parede de mais de 590 caixas de livros doados pela *Nazarene Bible College* foi um desses projetos. Os livros deviam ser catalogados antes que os alunos e o corpo docente pudessem usá-los. Em 2018, cinco bibliotecários juntaram-se a uma equipe de Trabalho & Testemunho de TI para ajudar os funcionários da *Grace Roles Library* [Biblioteca Grace Roles]. Eles foram capazes de treinar o pessoal da ANU no novo sistema de bibliotecas disponível para uso em todas as instituições nazarenas de ensino superior. Isso permite que os catalogadores da ANU acessem os registros dos livros da *Nazarene Bible College*. Tendo o potencial de reduzir significativamente o tempo de catalogação.

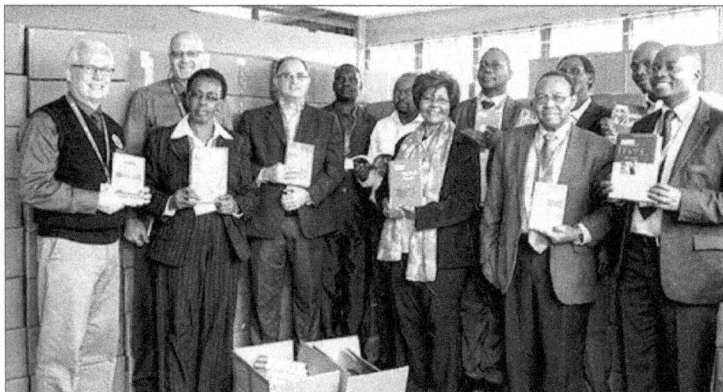

O corpo docente e a equipe ficam em frente às caixas de livros doados pelo Instituto Bíblico Nazareno.

Compartilhando habilidades de TI

Outra equipe especializada de Trabalho & Testemunho envolveu o uso de habilidades de TI. Josh Williams lidera esta iniciativa para a igreja global. Mais recentemente, ele liderou duas equipes para a

ANU, compostas por indivíduos com uma variedade de habilidades de TI e engenharia de diferentes áreas dos Estados Unidos. Eles chegaram ao *campus* com câmeras de segurança e equipamentos pré-adquiridos. Eles instalaram com sucesso mais de 120 câmeras de segurança entre os dois *campus*. Isso aborda um aprimoramento de segurança muito necessário para cumprir os requisitos de segurança do Departamento de Educação do Quênia para todas as universidades quenianas. Estão sendo desenvolvidos planos para retornar e continuar o seu trabalho no sistema de segurança, além de ajudar a instalar tecnologia atualizada para salas de aula, incluindo câmeras biométricas, para registrar a frequência às aulas.

Existem outras maneiras de participar em parcerias globais e você não precisa sair do seu emprego e mudar para a ANU para fazer a diferença. Você pode fazer a diferença onde você está através da oração.

Como você pode orar

Robert quer ser um juiz. Ele sabe que precisará da ajuda de Deus para atingir esse objetivo. Ele reconhece que deve conhecer e representar as leis dos homens e do governo. No entanto, ele quer ser mais do que um bom juiz, ele quer ser um juiz piedoso. Ore por Robert e outros como ele na Escola de Direito.

Faith é uma linda garota com um belo nome. Ela está estudando comunicação em massa e quer trabalhar na área transmissão de notícias. A transmissão de notícias a manterá nos lugares onde as pessoas estão em crise, e ela poderá falar sobre a compaixão de Deus ali. Ore pela Faith e outros estudantes que estudam comunicação, que eles também entendam o seu papel como porta-vozes de Deus.

Maria tem paralisia cerebral. No entanto, você não vê isso em seu sorriso brilhante e iluminado. Ela "acidentalmente" encontrou a

ANU ao procurar uma faculdade que a aceitasse. Maria encontrou mais que educação na ANU, ela encontrou o chamado de sua vida. "Agora posso falar pelas crianças que têm paralisia cerebral e abrir as portas para elas. É incrível que o que o mundo diz que é impossível, e o que o mundo diz que não é bom o suficiente, é o que Deus usa para fazer o Seu trabalho e trazer esperança". Ore por Maria e outros que descobrem o *quê* eles podem fazer em vez do que eles não podem e usar isso para fazer a diferença.

Ore por todos os membros do corpo docente mencionados e aqueles que não foram. Ore por novas maneiras de alcançar os alunos com a mensagem atemporal da redenção e capacitação de Deus. Ore pelas conferências e *workshops* que trazem muitas pessoas ao *campus*.

Ore por um selo eterno que vai além da inovação, tecnologia ou sucesso humano.

Ore pelo futuro da ANU, pois a universidade enfrenta algo que não enfrentou em vinte e um anos. Com a aposentadoria da professora Leah T. Marangu, o Conselho de Curadores selecionou um novo vice-chanceler, o Dr. Stanley Makhosi Bhebhe. Sua história é também uma história de transformação que nos lembra como Deus trabalha ao longo do tempo para levantar novos líderes.

Capítulo 10
Por um novo futuro

O Dr. Stanley Bhebhe está em frente ao pano de fundo das cortinas vermelhas e douradas, cores que simbolizam a vibração da *Africa Nazarene University*, enquanto espera ser empossado como o terceiro vice-chanceler desta universidade de 25 anos. As festividades estão acontecendo no Centro Estudantil *Helstrom*, um edifício que existe como resultado tangível de várias equipes de Trabalho & Testemunho. O Dr. Bhebhe é cercado por colegas da ANU, estudantes, amigos e dignitários da África e América do Norte.

É difícil para ele não rever a jornada que o trouxe até aqui. Ele pensa em seu pai, criado boa parte por missionários do Exército da Salvação que interviram quando a sua mãe morreu. Eles foram os primeiros mentores e educadores de seu pai. O Dr. Bhebhe pensa em como seu pai acabou se tornando pastor e diretor de uma escola, e sorri para a natureza do círculo completo da liderança de Deus. Grato pela sustentação cristã que seus pais lhe deram desde o nascimento, o Dr. Bhebhe sente-se afortunado, abençoado e muito grato.

Houve um tempo em que o seu pai não achou que esse dia pudesse chegar. Isso ocorreu quando o jovem Stanley foi expulso do internato que ele frequentava. O abrupto desenraizamento levou-o para o Zimbábue e abriu caminho para que algo novo crescesse. No início, ele se afastou sem propósito. Finalmente, ele decidiu estudar negócios só para ganhar muito dinheiro.

Em 1973, Stanley Bhebhe estava frustrado, sem objetivos e entediado. Andando em direção a sua casa um dia, ele sentiu a inutilidade e propósito vazio de tudo que ele havia corrido atrás. Naquele vazio ele ouviu as palavras de sua mãe que repetira com frequência como uma promessa e uma oração: "Jesus sempre aceitará você como se fosse dele". Stanley percebeu que nunca havia esperimentado aquela afirmação. Era tão estranho para ele quanto a vida na lua. Naquele momento, ele sabia que seu coração estava aberto para Deus de uma maneira que nunca tinha sido antes. "Ok", ele disse como se levantasse a sua própria bandeira branca de rendição. "Se isso vai mudar a minha vida, eu te aceito".

E assim aconteceu. Sem lágrimas. Sem música. Sem pregador. Sem trovão. Apenas uma decisão.

Três dias depois, essa simples decisão havia se transformado em uma nova direção de vida. Ele testificou na igreja. Isso mudou a trajetória do resto de sua vida. Ele fez a inscrição e foi aceito em uma Escola Bíblica Metodista Livre. O Dr. Bhebhe aponta para aquela época como "uma das mais importantes da minha vida". Ele viveu de uma forma simples, estudou a Bíblia e memorizou capítulos inteiros. Nada influenciou o seu sistema de valores mais do que aqueles dois anos. Era como se ele comesse e respirasse para compensar todo o tempo que havia perdido longe de Deus.

O que começou naquela escola bíblica sem sofisticação levou-o a um seminário bíblico na África do Sul, a uma faculdade teológica na Austrália e a um doutorado na *Drew University* em Nova Jersey, EUA.

O Dr. Bhebhe traz grande experiência para as futuras possibilidades da *Africa Nazarene University*. Ele se torna o primeiro vice-chanceler criado com raízes nazarenas. Seus pais, originalmente da *Pilgrim Holiness Church*, juntaram-se à Igreja do Nazareno em seus primeiros dias no Quênia.

Ele tem uma rica experiência acadêmica. Foi professor da Escola de Desenvolvimento Comunitário e Aprendizagem de Adultos da *University of KwaZulu-Natal* em Durban, África do Sul. Ele ensinou religião, ética e estudos culturais na *University of the Witwatersrand* em Joanesburgo, África do Sul, e serviu como vice-reitor de Assuntos Acadêmicos e professor de Teologia Contextual no *Nazarene Theological College* em Muldersdrift, África do Sul.

> Deus é bom em chamar um homem para fazer mais do que ele poderia fazer sozinho.

Ele aprimorou o seu estilo de liderança ao servir em vários cargos em instituições e organizações, principalmente na África do Sul. Ele serviu no *Independent Development Trust* por treze anos[34] na África do Sul em diferentes funções. Essa organização foi criada para dar resultados de liderança baseados nas prioridades nacionais em educação, emprego, redução da pobreza e saúde. Ele atuou como diretor executivo da *World Vision-South Africa*, uma entidade mobilizadora e sistema de distribuição que ajuda a combater a pobreza e a vitimização de crianças e famílias. Ele também serviu como membro da Junta Geral da Igreja do Nazareno, 2006–2009.

Enquanto o Dr. Bhebhe ouve a gama de afirmações, visão e bênçãos sobre o início de seu novo papel como vice-chanceler, ele sorri. Deus é bom em chamar um homem para fazer mais do que ele poderia fazer sozinho. Ele examina a multidão e imagina as possibilidades que Deus poderá trazer. Novos líderes. Novas vozes. Novas respostas. Novas transformações. Sim, nada é menos aceitável que transformação.

O vice-chanceler Stanley Bhebhe
falando na capela.

Como o novo líder da ANU, ele sabe como permitir que o passado possa alimentar a visão para o futuro. "Os negócios de hoje se foram, mas onde estarão os negócios da ANU daqui a dez anos?" Essa é uma pergunta que ele usa para criar uma estratégia que levará a ANU para o futuro. "Eu vejo o meu papel de trabalhar com pessoas para antecipar os obstáculos". É um bom acompanhamento para as estratégias que trouxeram a ANU de 64 alunos para 3.600 em menos de vinte e cinco anos. Ele aprecia as conquistas alcançadas com dificuldade e que ajudaram a *Africa Nazarene University* a ser a décima primeira entre as universidades no Quênia.[35] No entanto, ele gostaria de ver a escola chegar a uma posição mais elevada.

O seu trabalho anterior com o ensino superior nazareno fez dele um colega da professora Marangu. "Eu posso ficar de pé em seus ombros e ver melhor", ele diz sobre o investimento dela na ANU.

Uma coisa que o Dr. Bhebhe sabe é que ele tornou-se um agente transformador na vida dos estudantes. "Vocês são a razão de eu estar aqui", ele anunciou para os estudantes reunidos no *campus* da cidade para o culto de capela.

O Dr. Bhebhe nunca separará a ética e os valores da educação. Ele acredita que o "mercado requer pessoas com algum tipo de sistema de valores com competência". A ANU compartilha um *ethos* que vai além da busca da excelência acadêmica. Enquanto ele usar o manto que foi colocado em seus ombros, o Dr. Bhebhe continuará a oferecer uma educação que constrói caráter, competência e comunidade. "Como costuma-se dizer na África, 'Até onde você vai chegar depende da comunidade que você coloca ao seu redor'". O Dr. Bhebhe acredita que a comunidade da ANU ajudará qualquer pessoa a ir além do que ela achava que poderia chegar, e ele quer fazer parte de uma comunidade que caminha com essas pessoas.

Não há dúvidas na mente do Dr. Bhebhe de que a *Africa Nazarene University* está posicionada para grandiosidade. O impressionante crescimento de matrículas, prédios, tecnologia e pesquisa conta muitas histórias de envolvimento individual, nacional e global. Ele chega quando a universidade concluiu a implementação de um plano estratégico de quatro anos iniciado em 2013. A escola está pronta para lançar uma nova visão para os próximos cinco a dez anos. Além disso, eles celebrarão seu vigésimo quinto aniversário em agosto de 2019. Que melhor momento para um novo líder começar!

Enquanto ele celebra o trabalho duro e literalmente pesado de construir esta universidade, às vezes pedra por pedra esculpida à mão, ele sabe que não é suficiente. Nunca será suficiente porque o futuro nos espera. As sugestões começam a tomar forma, mas o que ainda será é uma imagem muito distante.

Quem serão os líderes que terão a sua própria crise para despertarem ao chamado de Deus? Quem aprenderá as habilidades para comunicar a verdade de Deus às crianças que serão os próximos líderes? Eles aprenderão mais com a sociedade, protestos e rebeliões? Ou aprenderão como construir pontes, lavar feridas e compartilhar esperança?

"O Dr. Bhebhe entra como uma faísca que busca inflamar ainda mais o fogo do crescimento desta instituição ", disse o professor John Marangu, presidente do Conselho da Universidade, no primeiro culto de inauguração.[36]

Talvez as palavras do Dr. Duncan Ojwang, reitor da Escola de Direito, tenham resumido melhor, ao categorizar a percepção do corpo docente de seu novo líder na inauguração:

Se você perguntar à Escola de Religião e Ministério Cristão, eles lhe dirão que eles… veem o Dr. Bhebhe… como o fermento que leveda todo o pão. Se você perguntar à Escola de Negócios, eles lhe assegurariam que ele é um líder internacional preparado para nos guiar. Se você perguntar à Escola de Ciência e Tecnologia, eles confirmarão que ele é um líder atualizado … e inovador. Se você perguntar à Escola de Ciências Humanas e Sociais, eles indicarão que ele é um grande comunicador, um líder com ubuntu[37] e ele aquece os nossos corações com poderosas histórias da África! E se você nos perguntar na Escola de Direito, diremos que ele é uma testemunha confiável com um testemunho persuasivo.[38]

O Dr. Bhebe deixa o Centro Estudantil *Helstrom* com um novo manto contendo as cores e o emblema da *Africa Nazarene University*. Ele usa o chapéu de formatura de sua herança africana. É um veludo negro como a escuridão que quer cobrir a África. Ele tem uma brocado de ouro como o cinto da verdade que ele sempre deverá usar. Um pompom de ouro balança como o sino que ele deve tocar como um aviso ou lembrete para certificar-se de que a ANU nunca perde a visão que Deus continua a alargar. Ele carrega o cetro de ouro cerimonial anunciando que ele é o novo vice-chanceler da *Africa Nazarene University*.

Dr. Stanley Makhosi Bhebhe é cristão, nazareno, africano, esposo, pai, investigador da verdade, provedor de esperança e guardião da fé.

O futuro da *Africa Nazarene University* já começou.

Imagem da formatura anual na torre do relógio.

Reação

- A melhor maneira de promover qualquer parte da transformação missional no centro da presença da Igreja do Nazareno em qualquer lugar do mundo é através das suas contribuições regulares para o Fundo de Evangelismo Mundial (FEM).

- Você sentiu vontade de participar de uma viagem de Trabalho & Testemunho a *Africa Nazarene University*? Confira projetos para viagens de Trabalho & Testemunho no website da Nazserve - https://serve.nazarene.org/serve/search.xhtml, ou entre em contato com o seu presidente de MNI.

- Você tem habilidades de TI que você poderia compartilhar? Visite www.globalnaz.org e preencha o formulário clicando em *Partner* (parceria). Você também pode inscrever-se para receber um boletim informativo e obter informações sobre as necessidades e projetos atuais. getinvolved@globalnaz.org

- Você tem outras habilidades em uma das áreas destacadas no livro, mas não sabe como elas podem ser usadas na ANU? Visite globalfaculty.nazarene.org, e preencha o formulário online para enviar as suas informações.

- Se você quiser manter-se informado sobre o que está acontecendo na ANU, inscreva-se para receber o informativo *Friends of ANU* pelo email VC@anu.ac.ke

- Convide um missionário da ANU para falar. Para obter informações sobre datas para cultos de giro missionário, escreva para scheduling@nazarene.org.

Endnotes

1 "2018 World Population by Country (Live)" [População Mundial por País 2018 (Viva)]. *World Population Review*. www.worldpopulationreview.com.

2 "Major Problems Facing Kenya Today" [Principais Problemas Enfrentados pelo Quênia Hoje] *AfricaW: Africa and the World*. Salvo disposição contrária, as estatísticas deste capítulo são extraídas deste artigo: www.africaw.com/major-problems-facing-kenya-today

3 "Corruption Perceptions Index 2017" [Index de Percepção de Corrupção]. *Transparency International*. www.transparency.org/news/feature/corruption_perceptions_index_2017

4 Okoti, Daisy, (1 de junho de 2018) "It Takes More than a Degree to Beat Unemployment" [É preciso mais do que um diploma para vencer o desemprego]. *Daily Nation*. www.nation.co.ke/lifestyle/mynetwork/It-takes-more-than-a-degree-to-beat-unemployment/3141096-4588296-ff7uv4/index.html

5 Professora no caso apresentado, indica professora universitária que é o título mais alto dado a alguém que preencheu os requisitos acadêmicos específicos. Este título reconhece que uma pessoa tem mais do que um Ph.D.

6 Muchiri, Marikio. "What Presidential Awards, Orders, and Medals Mean" [O que significam os prêmios presidenciais, ordens e medalhas]. Publicado no dia 21 de Agosto de 2018. *Kenyans.co.ke*. www.kenyans.co.ke/news/what-presidential-awards-orders-and-medals-kenya-mean-0

7 *Impact Week* [Semana de Impacto]. www.impactweek.net

8   Clinton, Bill. "The Case for Optimism" [O Caso para Otimismo].
    1 de outubro de 2012. *Time*. http://content.time.com/time/magazine/
    article/0,9171,2125031-1,00.html

9   Testemunhos. Website da *Africa Nazarene University*.
    www.anu.ac.ke/testimonial

10 *Kibanda* significa pequeno casebre, cabana ou barraco em suaíli.

11 "Looking forward to attend the Hult-Business-Accelerator program at
    the Ashridge castle in London, England" [Estou ansioso para partici-
    par do programa Acelerador de Negócios Hult no castelo Ashridge em
    Londres, Inglaterra]. Publicado no dia 11 de maio de 2018. *Medium*.
    www.medium.com/@noormed.media/looking-forward-to-attend-the-
    hult-business-accelerator-program-at-the-ashridge-castle-in-london-
    163942fce26f

12 Ndemo, Bitange, "How Kenya Became the Cradle of Africa's Tech-
    nological Innovation" [Como o Quênia tornou-se o Berço da Inova-
    ção Tecnológica da África]. *Newsweek*. 27 de dezembro de 2016.
    www.newsweek.com/how-kenya-became-cradle-africas-ict-innova-
    tion-534694

13 Moime, Dipolelo. "Kenya, Africa's Silicon Valley, Epicentre of Inno-
    vation" [Quênia, o Vale do Silício da África, epicentro da inovação].
    Venture Capital for Africa. 25 de abril de 2016. https://vc4a.com/
    blog/2016/04/25/kenya-africas-silicon-valley-epicentre-of-innovation.

14 Sutter, John D. "Mobile app developers tackle Africa's biggest prob-
    lems" [Desenvolvedores de aplicativos para dispositivos móveis lidam
    com os maiores problemas da África]. *CNN Technology News*. 12 de
    abril de 2010. CNN.
    www.cnn.com/2010/TECH/04/12/africa.apps/index.html

15 "Nairobi Westgate attack: Smoke rises at shopping complex" [Ataque a *Nairobi Westgate*: a fumaça sobe no complexo do Shopping] *BBC News*. 23 de setembro de 2018. BBC. www.bbc.co.uk/news/world-africa-24199351

16 Website *Damu-Sasa*. www.damu-sasa.co.ke/welcome/index.php

17 Wanja, Claire. "Amref Kenya, Damu-Sasa Sign MoU to enhance blood services in Kenya" [Amref Kenya, Damu-Sasa assinam o MoU para melhorar os serviços de sangue no Quênia]. *Kenya Broadcasting Corporation*. 5 de outubro de 2018. www.kbc.co.ke/amref-kenya-damu-sasa-sign-mou-to-enhance-blood-services-in-kenya.

18 Oportunidades para Africanos. "Government of Kenya Presidential Digital Talent Programme 2017/2018" [Programa Presidencial de Talentos Digitais do Governo do Quênia 2017/2018] Publicado no dia 1 de novembro de 2017. *OpportunitiesForAfricans.com*. www.opportunitiesforafricans.com/government-of-kenya-presidential-digital-talent-programme-2018-for-kenyan-graduates.

19 "Africa Nazarene University Alumni" [Ex-alunos da Africa Nazarene University]. Website da *Africa Nazarene University*. Dia 23 de março de 2015. https://alumni2015.wordpress.com/?s=Francis.

20 Henry, Ebuka. "Ebuka Henry (Nigeria)" [Ebuka Henry (Nigéria)]. Website da *Africa Nazarene University*. www.anu.ac.ke/testimonial/ebuka-henry-nigeria

21 O Rev. Mashangu Maluleka faleceu repentinamente no dia 6 de janeiro de 2018. Ele havia atuado como coordenador de estratégia de área para a África do Sul, bem como pastor da *Divine Hope Church of the Nazarene*, em Pretória, África do Sul. Para saber mais sobre Maluleka, acesse: www.nazarene.org/article/field-strategy-coordinator-mashangu-maluleka-passes-away

22 "Kenya" [Quênia] *The World Factbook.* Veja "Religiões" na seção "População". www.cia.gov/library/publications/the-world-factbook/geos/ke.html

23 "Mathare Valley" [Vale do Mathare]. *Wikipédia.* https://en.wikipedia.org/wiki/Mathare_Valley

24 Crofford, Amy. "A channel for God's blessing" [Um canal para a bênção de Deus]. *Engage* Magazine. Dia 22 de setembro de 2016. www.engagemagazine.com/content/channel-gods-blessing

25 *Green Africa Foundation* website: www.greenafricafoundation.org

26 Kalua, Isaac. "One Car One Dollar Tree Project" [Projeto Arborífero Um Carro Um Dólar]. *Green Africa Foundation.* 3 de dezembro de 2013. www.autoterminal.co.jp/web/download/One_car_one_dollar_report_12_March_2013.pdf.

27 Testemunhos. Website da *Africa Nazarene University.* www.anu.ac.ke/testimonial

28 Mwangi-Okwemba, Wambui. "ANU Hosts Africa's First Regional Foreign Direct Investment Moot Court Competition" [A ANU sedia a primeira competição regional de tribunais simulados de investimento estrangeiro direto na África] *Aspire.* Outubro de 2016, edição 400, p. 29.

29 "Kenyan Waihiga Mwaura wins BBC World News Komla Dumor award" [O queniano Waihiga Mwaura ganha o prêmio *BBC World News Komla Dumor*] *BBC.com.* 26 de setembro de 2018. www.bbc.com/news/world-africa-45573691

30 "Beyond the Screen S01E07 Waihiga Mwaura" [Além da Tela, Waihiga Mwaura, Série 1, episódio 7] *W TV Kenya.* 24 de novembro de 2015. www.youtube.com/watch?v=5QNw_qS6ta4

31 "Waihiga Mwaura Profile" [Perfil de Waihiga Mwaura] *Kenyan Life.* www.kenyanlife.info/waihiga-mwaura

32 "Laureate 2011 Sub-Saharan Africa: Lorna Rutto" [Laureate 2011 África Subsaariana: Lorna Rutto] *Cartier Women's Initiative Awards* [Prêmio Cartier de Iniciativa Feminina]. www.cartierwomensinitiative.com/candidate/lorna-rutto

33 Iwuoha, John-Paul. "Lorna Rutto – The innovative entrepreneur who creates wealth and jobs from plastic waste" [A empresária inovadora que cria riqueza e empregos a partir de resíduos de plástico] *Smallstarter.* Publicado no dia 16 de junho de 2013. www.smallstarter.com/get-inspired/lorna-rutto

34 "Citação do Vice-chanceler". Website da *Africa Nazarene University* www.anu.ac.ke/vcs-citation

35 "Top Universities in Kenya—2018 Kenyan University Ranking" [Melhores Universidades no Quênia - Ranking da Universidade Queniana de 2018] uniRank. www.4icu.org/ke

36 Marangu, John. "Message from the Chair—University Council" [Mensagem do Presidente - Conselho Universitário] Website da *Africa Nazarene University.* www.anu.ac.ke/inauguration-message-from-chair

37 Uma palavra em *swahili* que identifica uma filosofia sul-africana que se concentra na fidelidade e relacionamento entre os grupos. *Glosbe.* www.glosbe.com/en/sw/ubuntu

38 Ojwang, Duncan. "Message from the Faculty Representative" [Mensagem do Representante do Corpo Docente]. Website da *Africa Nazarene University* www.anu.ac.ke/message-from-the-faculty-representative